「青春18きっぷ」ポスター紀行

込山富秀

講談社

はじめに

旅情とは距離がつくる

１９９６年の暮れ、僕は夜の盛岡駅新幹線ホームで相方と二人で巻き尺を伸ばしホームの長さを測っていた。翌年春に開業する秋田新幹線「こまち」のポスターを撮影するための準備として「こまち」が停車する位置が重要で、停車希望位置をわかりやすく図示した申請をするためだった。ところが申請書は書き直され、〝東京駅から５３５・〇〇㎞地点〞に書き換えられていた。東京駅からの営業キロを基準として位置決めがされたのだ。

その時、鉄道業の本質に触れた感じがして、とてもショックを受けた。同時に鉄道の旅とは〝距離〞なんだと腑に落ちた。そして旅情とは距離感が生むのだなと理解した。

幼い子どもが初めて隣町に行ったときの感情にも、大人が何千㎞も離れた旅先での感情にも、普段の場所から距離を隔ててしまった寂しさが潜んでいる。そう思うとき、交通手段が徒歩かせいぜい駕籠の時代の旅人の旅情を思うと、想像ができないほどだ。

そしてもうひとつ、距離という横軸ではなく、時間軸の距離感というのもある。旅先で自分の過去の記憶を刺激するようなモノや空間、人に出会うことがある。そこでもまた、今の自分と過去との距離感に旅情を刺激されるのではないか。

小さな列車がただ走っているに過ぎない写真が、なぜかどこか遠くから長い時間をかけて走って来たように見えることがある。そこには疲れてはいるが、旅の心地よさを感じていい顔をした旅人が乗っている。そんな写真をポスターにしたいと思って、今までやってきたように思う。

＊　＊

※〈総営業距離２００３８㎞〉　〈総駅数４５５６駅〉

日本人は１４０年かけて小さな島国に2本の線路を延ばし、駅を作ってきた。ＪＲだけでも在来線は人間の動脈のように、ほぼ国土全域に延ばしている。この国は大陸と違い大半が急峻な山岳地帯の島国のため、線路は必然海沿い近くに敷かれ、山岳地帯では深い渓谷をぬうように敷かれている。そのため車窓からの景色は驚くほど変化に富み、これに特有の四季の変化が加わるのだ。そして正確性、安全性、規模、多様で快適な車両、いずれも鉄道の本家英国をはるかにしのぎ、世界を圧倒している。

日本は〝夢の鉄道の国〞なのだ。

その鉄道の国の普通列車に自由に乗れる、唯一のすばらしい企画きっぷがあった。「青春18きっぷ」である。一枚のポスターではあるが、この国の鉄道のスケールや奥行きが少しでも伝わるものでなくてはならない。そういう気持ちは途切れることなく、ロケに出かける度に深まってきた。

先進的で華やかな新幹線の陰で、普通列車やその路線は空気のような存在であり、これまで一部の鉄道ファンや旅行ファンに支持されていたに過ぎなかったが、これからは、今よりさらにその存在に光が射し込むような気がする。

※JR６社の広報発表数字の合計です（2015年５月７日現在）。

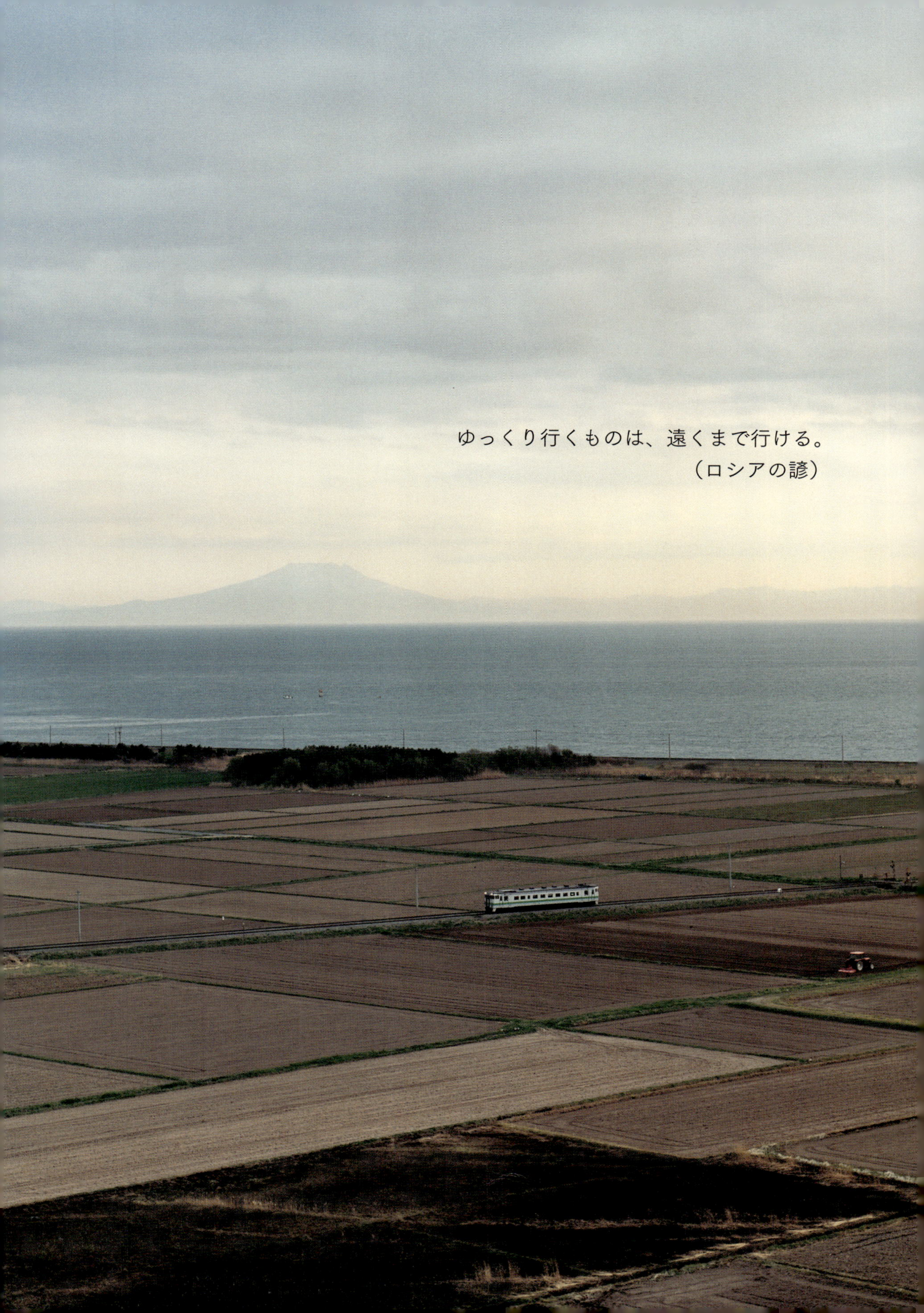

ゆっくり行くものは、遠くまで行ける。
（ロシアの諺）

「青春18きっぷ」ポスター紀行

路線図

一九九八年夏 **根室本線** 落石駅付近 P54・55

二〇〇〇年夏 **根室本線** 厚床《あっとこ》駅 P66・67

一九九二年冬 **根室本線** 門静～根室駅 P24・25

一九九七年夏 **釧網本線** 知床斜里駅付近 P48・49

二〇一二年冬 **根室本線** 厚岸～糸魚沢《いといざわ》駅 P140・141

一九九二年冬 **釧網本線** 川湯温泉～茅沼駅 P24・25

一九九九年夏 **釧網本線** 川湯温泉駅 P60・61

二〇〇五年春 **釧網本線** 浜小清水～止別駅 P94・95

二〇〇六年冬 **富良野線** 美馬牛～上富良野駅 P104・105

二〇〇八年夏 **室蘭本線** 有珠～長和駅 P114・115

二〇一一年春 **函館本線** 大沼公園～赤井川駅 P130・131

一九九三年春 **大湊線** 野辺地～大湊駅 P26・27

二〇〇二年冬 **大湊線** 有戸～吹越駅 P80・81

二〇一〇年春 **大湊線** 有戸～吹越駅 P124・125

一九九三年春 **奥羽本線** 弘前～青森駅 P26・27

一九九〇年冬 **五能線** 北金ケ沢駅付近 P12・13

二〇〇二年春 **五能線** 驫木《とどろき》駅 P76・77

二〇一一年冬 **五能線** 藤崎～川部駅 P134・135

一九九〇年冬 **奥羽本線** 大鰐《おおわに》（現大鰐温泉）駅 P12・13

一九九三年冬 **男鹿線** 追分～男鹿駅 P30・31

一九九三年冬 **奥羽本線** 湯沢～秋田駅 P30・31

二〇〇三年夏 **北上線** ゆだ錦秋湖～ほっとゆだ駅 P84・85

二〇〇七年夏 **北上線** ゆだ錦秋湖～ほっとゆだ駅 P108・109

一九九五年冬 **陸羽東線** 中山平温泉駅付近 P40・41

一九九六年冬 **只見線** 会津若松～会津柳津駅 P44・45

二〇一三年夏 **久留里線** 平山駅 P144・145

二〇〇五年冬 **飯山線** 上境～上桑名川駅 P98・99

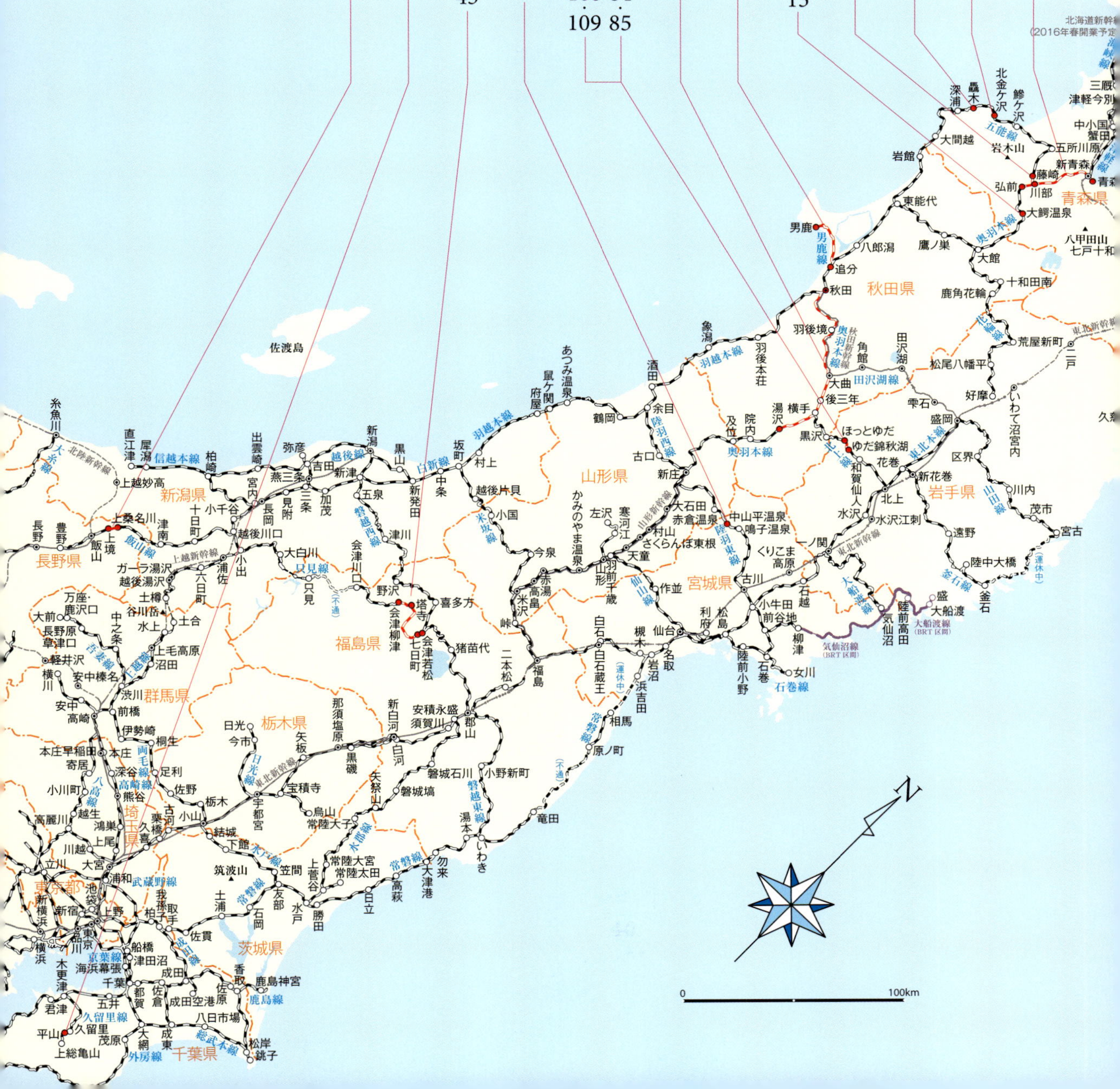

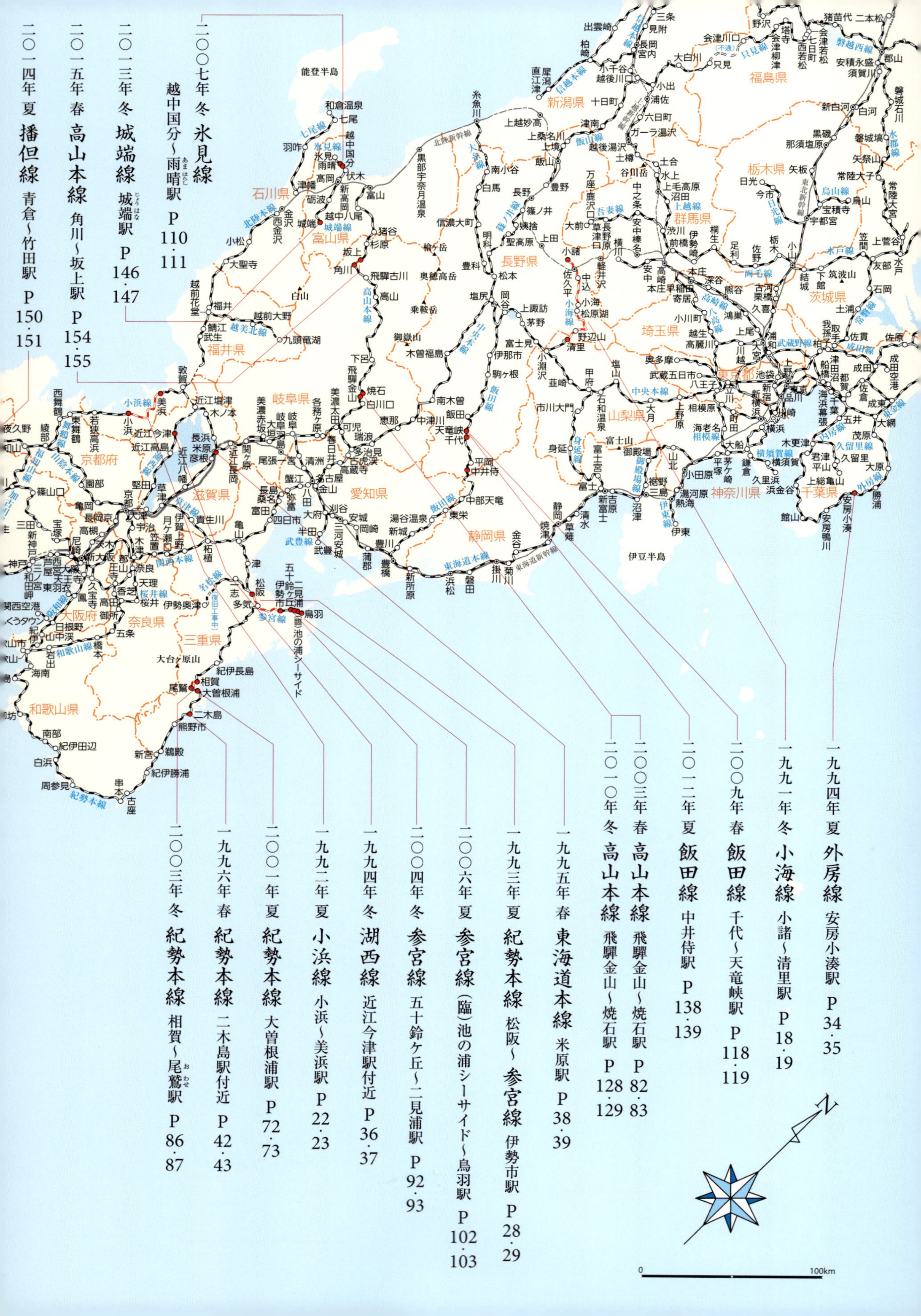

能登半島
伊豆半島
石川県
富山県
福井県
岐阜県
長野県
新潟県
福島県
栃木県
群馬県
茨城県
埼玉県
東京都
山梨県
神奈川県
千葉県
静岡県
愛知県
滋賀県
京都府
大阪府
奈良県
三重県
和歌山県
氷見線
城端線
七尾線
北陸本線
越美北線
高山本線
大糸線
篠ノ井線
中央本線
飯田線
小海線
身延線
御殿場線
東海道本線
東海道新幹線
北陸新幹線
小浜線
湖西線
参宮線
紀勢本線
名松線
関西本線
桜井線
和歌山線
阪和線
武豊線
伊東線
外房線
内房線
久留里線
成田線
常磐線
水戸線
両毛線
高崎線
八高線
武蔵野線
中央本線
横須賀線
相模線
吾妻線
上越線
信越本線
越後線
飯山線
只見線
磐越西線
水郡線
烏山線
日光線
東北新幹線
山陰本線
舞鶴線
福知山線
0
100km

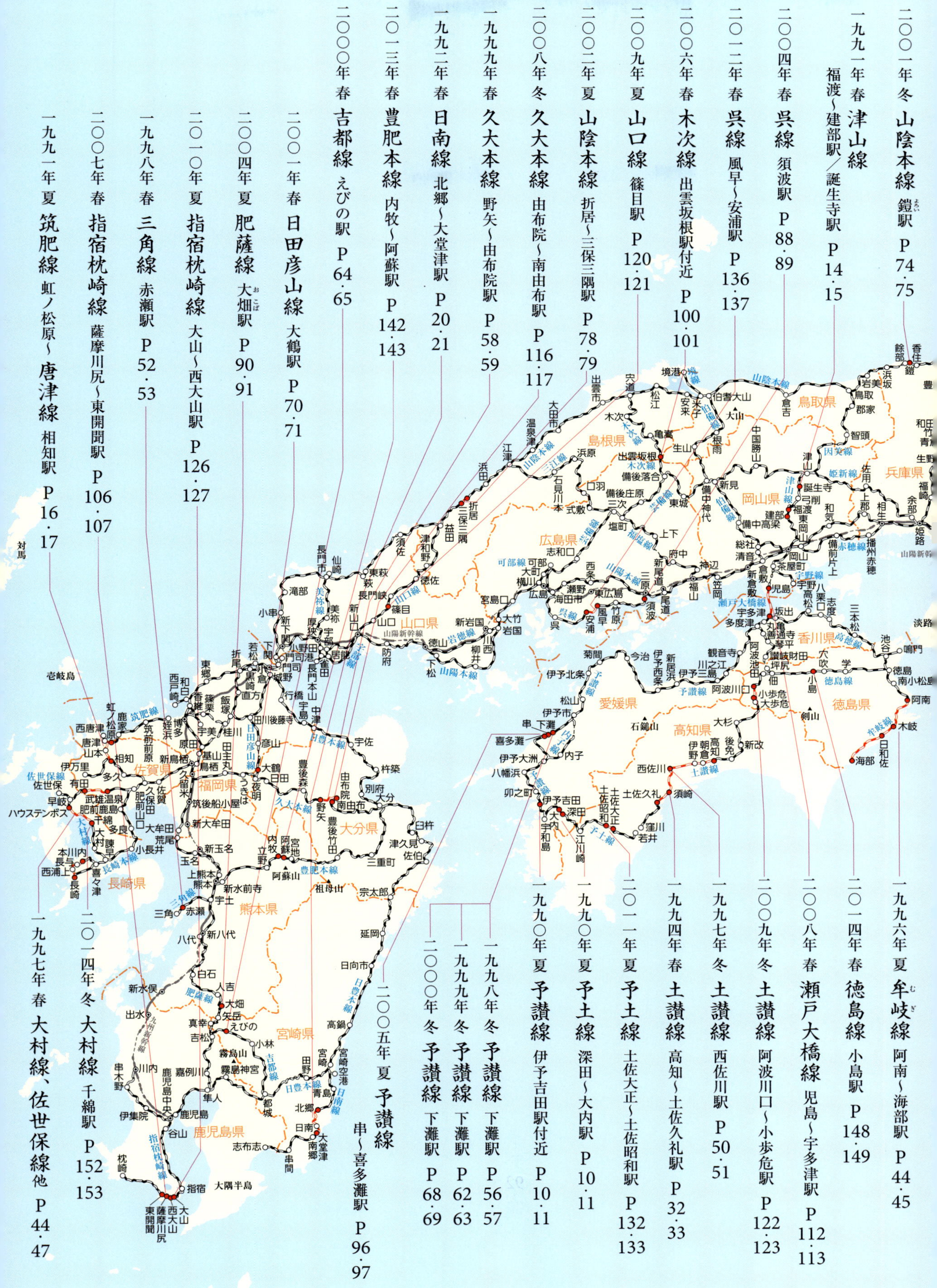

二〇〇一年冬 山陰本線 鎧《よろい》駅 P74・75
一九九一年春 津山線 福渡～建部駅／誕生寺駅 P14・15
二〇〇四年春 呉線 須波駅 P88・89
二〇一二年春 呉線 風早～安浦駅 P136・137
二〇〇六年春 木次線 出雲坂根駅付近 P100・101
二〇〇九年夏 山口線 篠目駅 P120・121
二〇〇二年夏 山陰本線 折居～三保三隅駅 P78・79
二〇〇八年冬 久大本線 由布院～南由布駅 P116・117
一九九九年春 久大本線 野矢～由布院駅 P58・59
一九九二年春 日南線 北郷～大堂津駅 P20・21
二〇一三年春 豊肥本線 内牧～阿蘇駅 P142・143
二〇〇〇年春 吉都線 えびの駅 P64・65
二〇〇一年春 日田彦山線 大鶴駅 P70・71
二〇〇四年夏 肥薩線 大畑《おこば》駅 P90・91
二〇一〇年夏 指宿枕崎線 大山～西大山駅 P126・127
一九九八年春 三角線 赤瀬駅 P52・53
二〇〇七年春 指宿枕崎線 薩摩川尻～東開聞駅 P106・107
一九九一年夏 筑肥線 虹ノ松原～唐津線 相知駅 P16・17
一九九六年夏 牟岐《むぎ》線 阿南～海部駅 P44・45
二〇一四年春 徳島線 小島駅 P148・149
二〇〇八年春 瀬戸大橋線 児島～宇多津駅 P112・113
二〇〇九年冬 土讃線 阿波川口～小歩危駅 P122・123
一九九七年冬 土讃線 西佐川駅 P50・51
一九九四年春 土讃線 高知～土佐久礼駅 P32・33
二〇一一年夏 予土線 土佐大正～土佐昭和駅 P132・133
一九九〇年夏 予土線 深田～大内駅 P10・11
一九九〇年夏 予讃線 伊予吉田駅付近 P10・11
一九九八年冬 予讃線 下灘駅 P56・57
一九九九年冬 予讃線 下灘駅 P62・63
二〇〇〇年冬 予讃線 下灘駅 P68・69
二〇〇五年夏 予讃線 串～喜多灘駅 P96・97
二〇一四年冬 大村線 千綿駅 P152・153
一九九七年春 大村線、佐世保線他 P44・47
鳥取県
兵庫県
島根県
岡山県
広島県
山口県
香川県
愛媛県
徳島県
高知県
福岡県
佐賀県
長崎県
大分県
熊本県
宮崎県
鹿児島県

もくじ

一九九〇年 夏

予土線 予讃線

深田～大内駅
伊予吉田駅付近

いつかは 急がなければいけない日がくる。

いきなり青春18きっぷの担当を命じられ、まず考えたのは自分はどんなときに旅先で旅情を感じるかということ。

僕の場合は旅先の景色よりも、その地の人やモノに強く惹かれる傾向があった。そこで、その地で育った人を真正面に登場させて景色の代わりとしてみた。もちろん18歳前後の他の地域に染まっていない青春まっただ中の少年少女を。

当時17歳という切り口で全国の少年少女を撮影しておられた作家、橋口譲二さんの存在を知り、早速お願いしにいった。コピーは大島征夫さん、この仕事を僕に与えてくださった大恩人、広告業界を代表する方だが、ボディコピーもご本人がその場で書かれた。一瞬にして去って行く特別な年代の儚さが感じられないだろうか。

瀬戸内海
伊予市
下灘
内子線
内子
愛媛県
高知県
伊予平野
八幡浜
卯之町
予讃線
伊予吉田
大内
深田
北宇和島
宇和島
予土線
松丸
江川崎
窪川
須崎
土讃線
伊野
枝川
朝倉
高知
旭
太平洋
0
20km

いつかは 急がなければいけない日がくる。
「青春18きっぷ」は日本全国のJRの普通列車の普通車自由席及び宮島航路に乗れる。ネーミングは「青春18きっぷ」であるが、実は年齢制限がない。だれでも使えるが、とくにまだ急がなくていい人ともう急ぎたくない人に向いている。きっぷは5枚で1冊となり、おとなもこどもも同額の11,300円。切り離して使えるその1枚は1日限り有効、翌日の0時を過ぎて最初に停車する駅までならどこへ行ってもいい。このきっぷを買ったら、時刻表とよく相談してルートと行き先を決めてほしい。知らない町での新しい出会いはあなたの選択にかかっている。これをひとりで5日間利用するか、5人で1日旅行するか、使い方は問わない。思いたった日に出かければいいが、発売・利用期間は決まっている。お求めはおはやめに。●発売期間 平成2年7月1日から8月31日まで。ご利用期間 平成2年7月20日から9月10日まで。
その時までに
青春18きっぷ
JR
JR-GROUP
その時までに
青春18きっぷ

cd　大島征夫　Yukio Oshima
ad　込山富秀　Tomihide Komiyama
c　大島征夫　Yukio Oshima
p　橋口譲二　George Hashiguchi

モデルとなった二人は地元紙で早速スクープされた。

夕刊うわじま
宇和島新聞社
あすの歴史
モデルは南高生2人
JRの 青春18きっぷ PRポスター
三間・吉田を背景
まあ聞きさいや

一九九〇年　冬

奥羽本線

大《おお》鰐《わに》（現大鰐温泉）駅

五能線

北金ケ沢駅付近

弘前は初めてだった。駅のまわりにはまだ深い闇が残っていた。町を歩くと、昭和の断片があちこちに残っていながら、洋風なところもあるしゃれた街だった。

女性は地元銀行に就職が決まったばかりという、スポーツでも有名な高校生だった。どこからか彼女のポスター登場を聞きつけたのか地元の記者の若者が付いて来た。

弘前大の松井さんや中田さんにはロケハンやモデル探しに大変お世話になりました。男性の樋熊くんは弘前大生である。

線路の先にある町。
「青春18きっぷ」は日本全国のJRの普通列車の普通車自由席及び宮島航路に乗れる。ネーミングは「青春18きっぷ」である。が、実は年齢制限がない。とくにまだ急がなくていい人ともう急ぎたくない人に向いている。きっぷは5枚で一冊となり、おとなもこどもも同額の11,300円。切り離して使えるその1枚は1日限り有効、翌日の0時を過ぎて最初に停車する駅までならどこへ行ってもいい。このきっぷを買ったら、時刻表とよく相談してルートと行き先を決めてほしい。知らない町での新しい出会いはあなたの選択にかかっている。これをひとりで5日間利用するか、5人で1日旅行するか、使い方は問わない。思いたった日に出かければいいが、発売・利用期間は決まっている。お求めはおはやめに。●発売期間 平成2年12月1日から平成3年1月10日まで。ご利用期間 平成2年12月10日から平成3年1月20日まで。
知らない町へ
青春18きっぷ

cd 大島征夫 Yukio Oshima
ad 込山富秀 Tomihide Komiyama
c 大島征夫 Yukio Oshima
p 橋口譲二 George Hashiguchi
co 金子真樹 Maki Kaneko

映写機の音が聴こえてきそうな青森の旧い映画館、奈良屋劇場。

高校の校庭で、リンゴのような笑顔の輝さん。

一九九一年　春

津山線

福渡～建部駅／誕生寺駅

吉備の国、津山線にはいい駅がいくつもあった。地名も駅名もただの旧さではない。女性が立っている後ろは誕生寺駅。法然上人の生誕が名前のいわれとか。近くに建部という駅もあり、どちらも地元の大工が丹誠込めて建てたような趣のある駅で迷った。男性は建部駅そばの旭川にかかる鉄橋をバックに河原で撮った。2ヵ所を何度も往復したが誕生寺駅に着くとあたりが急に冷え込み雪が舞ってくる。不思議な駅だった。モデルの二人は地元、岡山大の学生で、どこか桃太郎伝説を想い起こさせた。

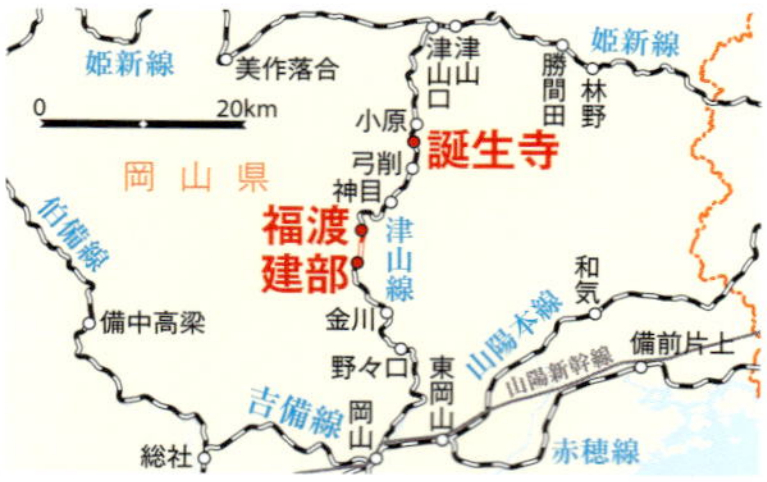

cd　大島征夫　Yukio Oshima
ad　込山富秀　Tomihide Komiyama
c　佐藤澄子　Sumiko Sato
p　橋口譲二　George Hashiguchi
co　金子真樹　Maki Kaneko

一九九一年　夏

筑肥線　唐津線

虹ノ松原〜相知駅

人の表情で旅情が果たして表現できるのか？　もうちょっと突っ込んでみたくなった。人が放つ情感やエロスをカメラで捉えるには……。まだメジャーになる少し前の荒木経惟さん（あのアラーキー、電通の先輩にあたる）にお願いしに行った。人の表情＝旅情につながる意図をなんとか説明し、快諾していただいた。〝線路の先の物語。〟別名〝旅少女〟シリーズが始まった。一枚のポスターの中で旅の時間経過を小さい写真をあしらい、写真集のイメージでレイアウトしてみた。相知駅の青い琺瑯《ほうろう》製の駅名板の美しさに感動したので、ロゴマークをそのイメージで作ってみたが、今も変わらず使っている。

誰も私を知らない。

線路の先の物語。

青春18きっぷ

旅は、予想できない。忘れられない瞬間は突然やってくる。列車に揺られ、ホームで待ち、改札口をぬけて歩き出す、その繰り返しのどこかで、何かが待ってるんだ。

「青春18きっぷ」はJRの普通列車の普通車自由席と、宮島航路に乗れるきっぷ。きっぷは五枚で一冊になっていて、消費税を含めて一一、三〇〇円。おとなもこどもも同額。名前は「青春18きっぷ」だけれど、年齢制限はなく、誰だって使える。一枚は、一日限り有効。翌日0時を過ぎても、最初に停車する駅までは大丈夫。ひとりで五日間、五人で一日など、使い方は自由。発売期間と利用期間が決まっているから、ご注意を。お求めは、お早めにどうぞ。では、よい旅を。

●発売期間　平成三年七月一日から八月三十一日

●利用期間　平成三年七月二〇日から九月一〇日

cd　大島征夫　Yukio Oshima
ad　込山富秀　Tomihide Komiyama
c　佐藤澄子　Sumiko Sato
p　荒木経惟　Nobuyoshi Araki
st　兼子みほ　Miho Kaneko
hm　鈴木えつこ　Etsuko Suzuki
co　金子真樹　Maki Kaneko

長大な松林にポツンと佇む筑肥線、虹ノ松原駅。

一九九一年　冬

小海線

清里〜小諸駅

この街とヒミツをつくる。

サブタイトル〝線路の先の物語。〟とあるように、旅する少女をアラーキーが同行しながら撮るという贅沢なロケである。

当時は今よりずっと渋めな小諸とメルヘンな八ヶ岳高原を舞台に走る高原列車小海線の旅にした。

荒木さんの写真はどうしてこんなにシットリと女性が写るのか不思議だった。エロス＝旅情なんだと思った。

カメラはマミヤかペンタックスのブローニーサイズ、印刷はグレーを一色足している。キャッチコピーも少し意味深なものになった。

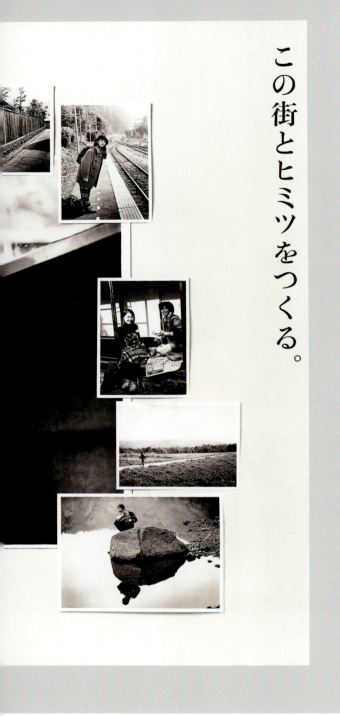

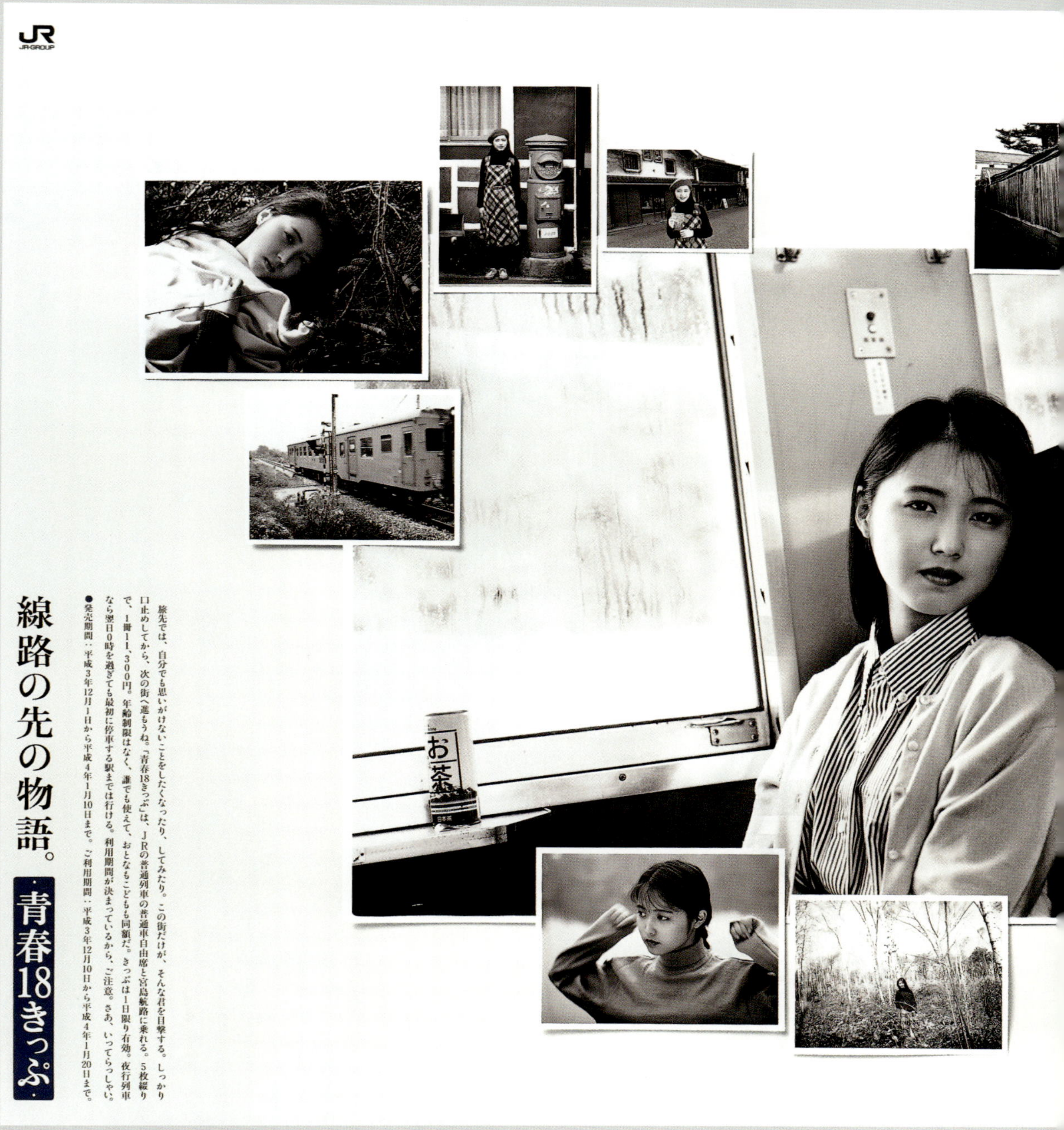
線路の先の物語。
青春18きっぷ
旅先では、自分でも思いがけないことをしたくなったり、してみたり。この街だけが、そんな君を目撃する。しっかり口止めしてから、次の街へ進もうね。「青春18きっぷ」は、JRの普通列車の普通車自由席と宮島航路に乗れる。5枚綴りで、1冊11,300円。年齢制限はなく、誰でも使えて、おとなもこどもも同額だ。きっぷは1日限り有効。夜行列車なら翌日0時を過ぎても最初に停車する駅までは行ける。利用期間が決まっているから、ご注意。さあ、いってらっしゃい。
●発売期間：平成3年12月1日から平成4年1月10日まで。ご利用期間：平成3年12月10日から平成4年1月20日まで。

cd 大島征夫 Yukio Oshima
ad 込山富秀 Tomihide Komiyama
c 佐藤澄子 Sumiko Sato
p 荒木経惟 Nobuyoshi Araki
st 植原ゆかり Yukari Uehara
hm 鈴木えつこ Etsuko Suzuki
co 金子真樹 Maki Kaneko

美しい名前の八千穂駅。駅名板も味がある。

八千穂駅
YACHIHOSTATION

一九九二年　春

日南線

北郷～大堂津駅

鬼才荒木経惟様のロードムービーのような写真に、コピーをつけさせていただくチャンスを、先輩方が、新人の私にくださった。まあ当然、書いても書いても、ＯＫは出ない。出るわけない。田舎の両親が心配して、ファックスでコピーらしき文章を送ってくれた。ありがたいけれど、使えるわけもなく。「意外と難しいとわかりました」と書き添えてあった。

（コピーライター山田のりこ）

＊

＊

ロケ地の日南は海が美しくとにかく光がいつもキラキラしていてスタッフみな楽しそうだった。油津漁港近くの川沿いの普通の食堂で、親子丼がたしか３００円程、その安さとうまさに驚いた。違う値段、違う味、違うにおい、キャッチコピー通りの日南の旅だった。

JR
JR-GROUP
青島 宮崎 方面 のりば 油津 志布志 方面
線路の先の物語。
その時、君を包んでいる空気は不思議と居心地がよくて、懐かしい気分にさえなってくる。また旅に出たくなるのは、きっと、そんな町にまた出会いたくて。日本はまだまだ、いろんなものを隠しているようだね。「青春18きっぷ」は、JRの普通列車の普通車自由席と宮島航路に乗れる。1日限り有効のきっぷが、5枚綴りで1冊11、300円。年齢制限はなく、誰でも使えて、おとなもこどもも同額だ。夜行列車に乗るなら、翌日0時を過ぎても最初に停車する駅までは行ける。利用期間などのルールさえ気をつけていれば、あとは自由に旅をつくっていい。さ、準備はいいかな。
●発売期間：平成4年2月10日から3月31日まで。ご利用期間：平成4年2月20日から4月10日まで。
青春18きっぷ

cd 大島征夫 Yukio Oshima
ad 込山富秀 Tomihide Komiyama
c 佐藤澄子 Sumiko Sato
山田のりこ Noriko Yamada
p 荒木経惟 Nobuyoshi Araki
st 兼子みほ Miho Kaneko
hm 鈴木えつこ Etsuko Suzuki
co 金子真樹 Maki Kaneko

お揃いの黄色いヘルメットで撮影中の荒木さんと助手の安齋さん。

一九九二年　夏

小浜線

小浜～美浜駅

若狭湾に沿って走る小浜線。アメリカの大統領の名前に引っ掛けてＰＲしたことで少し知られたところです。

当時は2両編成の青いディーゼル列車が走っていました。列車の窓を開けると、風に乗って海と魚の匂いがしました。

天才アラーキーと撮影しながら歩いていると、いろんなものが向こうからやってくるのです。いい感じの店や、地元の子どもや犬や猫や……すてきな被写体が撮ってくれとばかりに、そこらの角から次々と「出て」くるんです。

「出会い」ってすごいと思いました。

（コピーライター佐藤澄子）

自分の部屋を、何日離れたことがありますか。何キロ、離れたことがありますか。ココロにも時間にも余裕があるときに、ぜひ、日本を見てほしい。「青春18きっぷ」はJRの普通列車・快速列車の普通車自由席と、宮島航路に乗れます。5枚セットで、1冊11,300円です。1枚のきっぷは、1日限り有効。夜行列車では、翌日0時を過ぎて最初に停車する駅まで有効です。年齢制限はなし。おとなもこどもも同額。ひとりで5枚、5人グループで1枚ずつなど、自由に使えます。上手に使って、できるだけ遠くまで行ってみてください。利用期間には気をつけて。さあ、出発です。
●発売期間：平成4年7月1日から8月31日まで。●利用期間：平成4年7月20日から9月10日まで。
線路の先の物語。
・青春18きっぷ・

cd　大島征夫　Yukio Oshima
ad　込山富秀　Tomihide Komiyama
d　畑野憲一　Kenichi Hatano
c　佐藤澄子　Sumiko Sato
　山田のりこ　Noriko Yamada
p　荒木経惟　Nobuyoshi Araki
hm　鈴木えつこ　Etsuko Suzuki
co　金子真樹　Maki Kaneko

ロケの成功の鍵を握る「旅少女」のオーディション風景。

一九九二年　冬

根室本線
釧網本線

門静〜根室駅
川湯温泉〜茅沼駅

このポスターは「旅少女」というアラーキーの写真集のつもりでデザインしてみた。もともと必要なカットが多かったためもあるが、実際に膨大なカットが撮影された。

一枚一枚何十色のクレパスのような変化が欲しかったのでアラーキーの写欲が萎まない景色、人、事がたくさん必要な旅だった。

上がったカットはどれもよく見ると、それ一枚で味わい深いストーリーがあり構図も完成されている。

コピーライターはそれにひと言添えるのが大変だが、楽しそうだった。

釧路の素敵なスケートリンクはまだ健在だろうか。

線路の先の物語。
青春18きっぷ
自分のことを、すっかりわかったつもりでいるのは退屈だ。旅に出たら、新しい自分も楽しもう。「青春18きっぷ」はJRの普通列車・快速列車の普通車自由席と、宮島航路に乗れます。5枚セットで1冊11,300円です。1枚のきっぷは、1日限り有効。夜行列車では、夜0時を過ぎて最初に停車する駅まで有効です。年齢制限は無く、おとなもこどもも同額。ひとりで全部使っても、グループで分けてもいい。自由に旅を組み立てられます。でも利用期間には、くれぐれも注意してください。お求めはJRの主な駅、駅の旅行センター、主な旅行会社で。はりきって、いってらっしゃい。
●発売期間：平成4年12月1日から平成5年1月10日まで。●利用期間：平成4年12月10日から平成5年1月20日まで。

cd　大島征夫　Yukio Oshima
ad　込山富秀　Tomihide Komiyama
d　畑野憲一　Kenichi Hatano
c　佐藤澄子　Sumiko Sato
山田のりこ　Noriko Yamada

p　荒木経惟　Nobuyoshi Araki
st　兼子みほ　Miho Kaneko
hm　鈴木えつこ　Etsuko Suzuki
co　金子真樹　Maki Kaneko

旅館での記念写真、荒木さんもみんなも若い！

一九九三年　春

奥羽本線
弘前～青森駅

大湊線
野辺地～大湊駅

2回目の弘前、八甲田の高原や大湊線の恐山まで足を延ばした。6月というのに弘前はさわやかで街中の垣根の緑が風にそよいでいた。そよ風というものを久しぶりに見た。

ロケはいつも木造の和風旅館を選ぶ。宿の中でも撮影するので、旧くても洗面所のタイルや床の間の置物にもこだわっているような、昔ながらの旅館が良いのだ。アラーキーはいくつかカメラを首からぶら下げ、瞬時にモノクロ、カラーと撮り分ける。

ポスターのデザイン作業は、当時は原寸の手焼きプリントだった。モノクロプリントの職人佐藤さんには、いつの間にか暗室に入れてもらえるようになった。旅少女の佐知子さんは霊感が強いのか恐山では固まってしまいそのカットだけはNGだった。

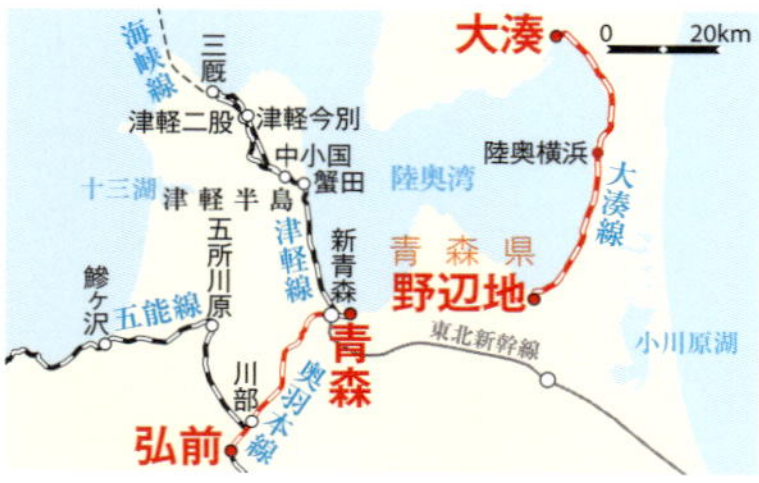

旅は、まだつづく
線路の先の物語。
毎日同じ顔ばかり見てるのをやめて、たまには旅に出てみませんか。なにもかもが初対面の町へ。常識なんて軽くひっくり返ってしまうかもしれません。「青春18きっぷ」はJRの普通列車・快速列車の普通車自由席と、宮島航路に乗れます。5枚セットで、1冊11,300円。1枚のきっぷは1日限り有効。夜行列車なら、翌日0時を過ぎて最初に停車する駅まで有効です。年齢制限はなく、使い方はひとりで5日間、5人で日帰りなど自由自在。ただし利用期間に気をつけて。いろんな日本、たっぷり見てください。お求めはJRの主な駅、駅の旅行センター、主な旅行会社でどうぞ。
●発売期間：平成5年2月20日から3月31日まで。●利用期間：平成5年3月1日から4月10日まで。
青春18きっぷ

cd 大島征夫 Yukio Oshima
ad 込山富秀 Tomihide Komiyama
d 畑野憲一 Kenichi Hatano
c 佐藤澄子 Sumiko Sato
山田のりこ Noriko Yamada
p 荒木経惟 Nobuyoshi Araki
hm 鈴木えつこ Etsuko Suzuki
co 金子真樹 Maki Kaneko

「旅少女」のシリーズでは、コピーライターの佐藤さんと山田さんが詳細なイラスト付きの取材ノートを作っていた。

一九九三年　夏

紀勢本線　松阪～
参宮線　伊勢市駅

荒木さんと撮影の旅に出るのは、いつもちょっと緊張しました。なにせ被写体はうら若い女子。荒木さんの写欲がわくように、でもあんまり暴走しないように……ほどよいシャッターチャンスをさりげなく作るのもスタッフの腕の見せどころです。

列車に乗って、駅弁を食べて、駅から降りて散歩して、駅前食堂に入って、旅館に泊まって、2泊くらいの短いロケですが、いつも本当に旅をしていました。

伊勢神宮の参道で、みんなで赤福をいただきました。ツバメが軒下にたくさん巣を作っていたのを覚えています。

（コピーライター佐藤澄子）

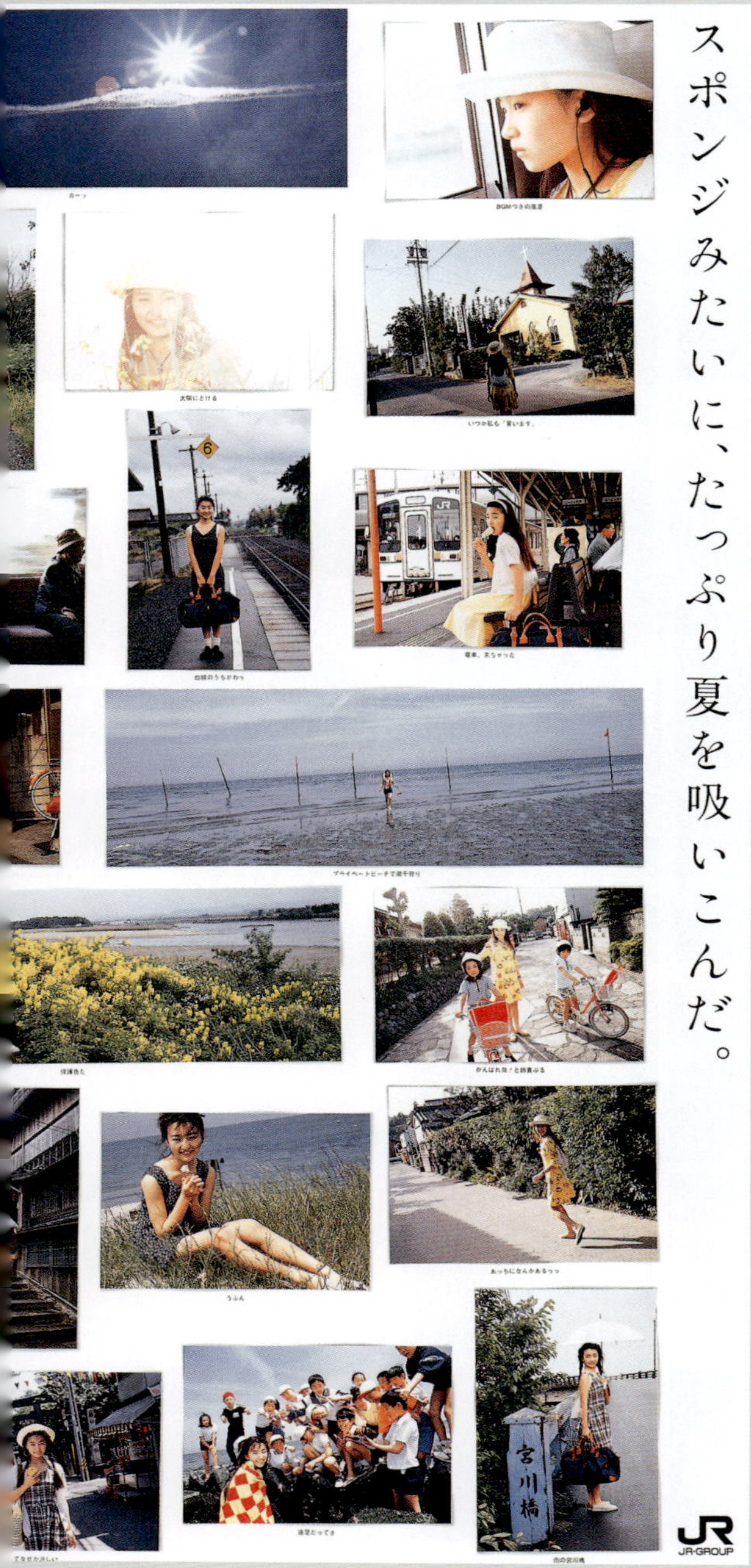

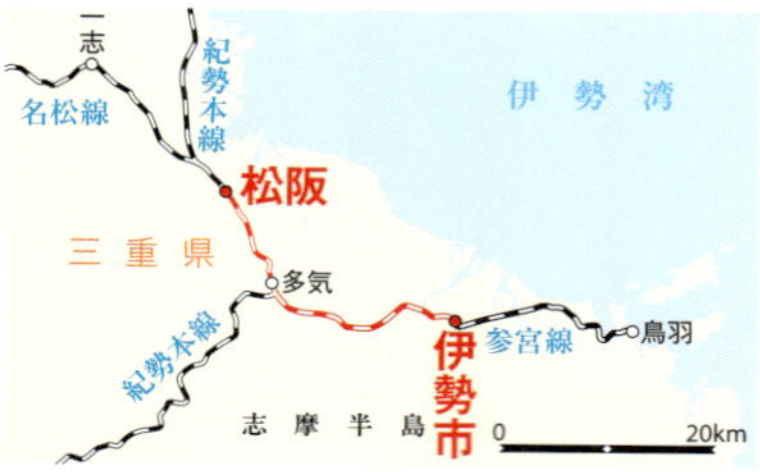

線路の先の物語。
青春18きっぷ
旅は、いつだって一回きりです。同じところに、また行くことはできても、同じ旅はできない。だからひと駅ひと駅を大切に。●「青春18きっぷ」はJRの普通列車・快速列車の普通車自由席と、宮島航路に乗れます。5枚セットで、1冊11、300円。1枚のきっぷは1日限り有効。夜行列車なら、翌日0時を過ぎて最初に停車する駅まで有効です。年齢制限はありません。ひとりで5日間、5人で日帰りなど使い方は自由自在。ただし利用期間に気をつけて。一回きりの夏、じっくり楽しんでください。お求めはJRの主な駅、駅の旅行センター、主な旅行会社でどうぞ。●発売期間：平成5年7月1日から8月31日まで。●利用期間：平成5年7月20日から9月10日まで。
つづく

cd 大島征夫 Yukio Oshima
ad 込山富秀 Tomihide Komiyama
d 畑野憲一 Kenichi Hatano
c 佐藤澄子 Sumiko Sato
山田のりこ Noriko Yamada
p 荒木経惟 Nobuyoshi Araki
hm 鈴木えつこ Etsuko Suzuki
co 金子真樹 Maki Kaneko

シーズン前の閑散とした海の家の情景。

一九九三年　冬

奥羽本線
湯沢～秋田駅

男鹿線
追分～男鹿駅

北国は冬に行くに限る、ということで、秋田です。男鹿半島から湯沢の温泉まで、かなりの移動距離でした。なまはげに会い、きりたんぽ鍋を食べ、日本酒の酒蔵やりんご園にも行って、秋田を満喫です。秘湯の宿で荒木巨匠には「文豪の先生などもお泊まりになったことがあるんですよ」という一番いい部屋が用意されていました。朝になって「ちょっときてごらん」と荒木さんの部屋に呼ばれると、なんとその部屋からは露天風呂が丸見え。どっひゃー。

（コピーライター佐藤澄子）

この街で育ったら、どんな私になってただろう。
JR
JR-GROUP

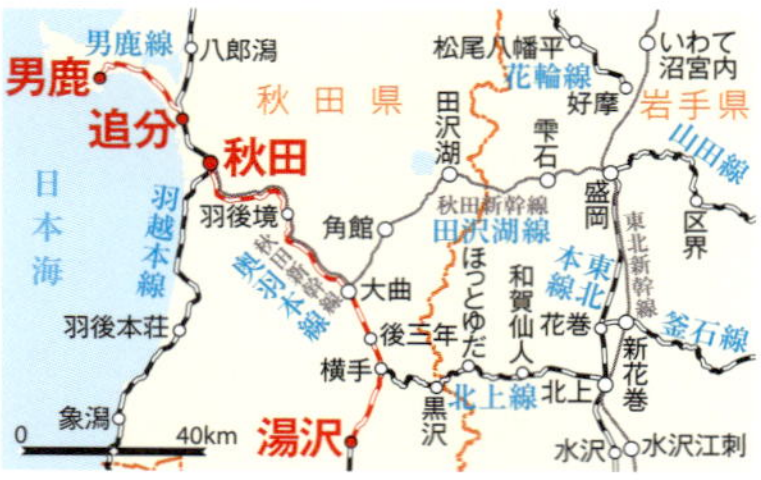
男鹿線
八郎潟
男鹿
追分
秋田
秋田県
日本海
羽越本線
羽後境
角館
奥羽本線
大曲
後三年
横手
羽後本荘
象潟
湯沢
黒沢
0
40km
松尾八幡平
いわて沼宮内
花輪線
好摩
岩手県
山田線
田沢湖
雫石
盛岡
秋田新幹線
田沢湖線
ほっとゆだ
和賀仙人
東北本線
東北新幹線
花巻
新花巻
釜石線
区界
北上線
北上
水沢
水沢江刺

線路の先の物語。
青春18きっぷ
日本はせまいなんて、でたらめだ。はじめての駅に下り立つたびに、きっとそう実感するはずです。あなたの知らない時間が流れる街が、たくさんあるのだから。●「青春18きっぷ」はJRの普通列車・快速列車の普通車自由席と、宮島航路に乗れます。5枚セットで、1冊11,300円。1枚のきっぷがまる1日使えます。夜行列車なら、翌日0時を過ぎて最初に停車する駅まで有効です。年齢制限なし。利用期間中であれば、ひとりで5日間、5人で日帰りなど使い方は自由自在。あなたにとってはじめての日本を、発見してきてください。お求めはJRの主な駅、駅の旅行センター、主な旅行会社でどうぞ。
●発売期間：平成5年12月1日から平成6年1月10日まで。●利用期間：平成5年12月10日から平成6年1月20日まで。

cd 大島征夫 Yukio Oshima
ad 込山富秀 Tomihide Komiyama
d 畑野憲一 Kenichi Hatano
c 佐藤澄子 Sumiko Sato
山田のりこ Noriko Yamada
p 荒木経惟 Nobuyoshi Araki
st 兼子みほ Miho Kaneko
hm 鈴木えつこ Etsuko Suzuki
co 金子真樹 Maki Kaneko

クレオパトラ化粧品

秋田市で強烈なネーミングに驚いての一枚。

一九九四年　春

土讃線

高知〜土佐久礼駅

荒木さんとの旅の最終回。写真家もポスターに密かに登場しています（左上の写真に注目ください）。
いつもたくさんいい写真が撮れてポスターで使い切れず、『旅少女』（光文社刊）という本を作りました。以下はその巻末に荒木さんが寄せてくれた文章です。
「旅の朝はねむい。でもがんばって早く起きて、列車に乗ってすげーえ遠くにいった。でもどこへ行ったか、ほとんど忘れてしまった。空とか花とかイイなーと想った。少女たちの顔とか姿態が忘れられない。少女と旅したんじゃなくて少女を旅したんだネ。9つのレンアイをしたんだ、楽しかったネー。また旅したいなー、愛しの少女と。　A」

（コピーライター佐藤澄子）

線路の先の物語。
旅の間は、いろんなことが頭に浮かんできます。知らない街には、考えるヒントがたくさんあるのです。でもやっぱり、一番真剣に考えるのは「次はなに食べようかな」だったりしますが。●「青春18きっぷ」はJRの普通列車・快速列車の普通車自由席と、宮島航路に乗れます。5枚セットで、年齢に関係なく1冊11,300円。1枚のきっぷは1日限り。夜行列車は、翌日0時を過ぎて最初に停車する駅まで有効。利用期間中なら、ひとりで5日間、5人で日帰りなど自由に使えます。いろんな日本を見て、いろんなこと考えてください。お求めはJRの主な駅、駅の旅行センター、主な旅行会社でどうぞ。
●発売期間：平成6年2月20日から3月31日まで。●利用期間：平成6年3月1日から4月10日まで。
・青春18きっぷ・

cd　大島征夫　Yukio Oshima
ad　込山富秀　Tomihide Komiyama
d　畑野憲一　Kenichi Hatano
c　佐藤澄子　Sumiko Sato
山田のりこ　Noriko Yamada
p　荒木経惟　Nobuyoshi Araki
hm　鈴木えつこ　Etsuko Suzuki
co　金子真樹　Maki Kaneko

ショーウィンドウの招き猫。

一九九四年　夏

外房線

安房小湊駅

当時僕はある大学の講師をやっており、そこの学生たち5～6人で小さな旅をしたことがあった。

そのときの彼らの楽しそうな旅の光景が印象に残っていた。

青春18きっぷのグループ訴求のシリーズを思いついた。

カメラマンは雑誌ａｎａｎなどで有名なファッションカメラマンの恩田義則さん。ひなびた駅の撮影でただの貧乏グループ旅行にしたくなく、若者たちを少しだけおしゃれに撮ってもらいたかったからだ。

この千葉のロケでは天気予報が外れ空がスッキリせず、しまいに雨も降り出してきてしまった。天気待ちの雨のホームでも楽しそうにワイワイしている彼らを見ていると、これも青春18きっぷの旅かもと思えてきた。

今しかできない旅がある
青春18きっぷ
行き先には、こだわらない。旅ってものは、することに価値があるのだ。途中が、タノシーのだ。
◎「青春18きっぷ」のルール…JRの普通列車・快速列車の普通車自由席と、宮島航路に乗れる。5枚セットで、1冊11,300円。1枚のきっぷは1日限り有効で、夜行列車なら、翌日0時を過ぎて最初に停車する駅まで。年齢制限はありません。ひとりで5日間、5人で日帰りなど使い方は自由自在。ただし利用期間に気をつけて。以上、日本で思いっきりあそんでみてください。お求めはJRの主な駅、駅の旅行センター、主な旅行会社でどうぞ。
◎発売期間　平成6年7月1日から8月31日まで。
◎利用期間　平成6年7月20日から9月10日まで。
ってなわけで、僕たち旅に出ました。

cd　大島征夫　Yukio Oshima
ad　込山富秀　Tomihide Komiyama
d　畑野憲一　Kenichi Hatano
大高 泉　Izumi Otaka
c　佐藤澄子　Sumiko Sato
山田のりこ　Noriko Yamada
p　恩田義則　Yoshinori Onda
st　兼子みほ　Miho Kaneko
co　金子真樹　Maki Kaneko

一九九四年　冬

湖西線

近江今津駅付近

ＪＲさんへの提案時は旅館の中の温泉卓球だった(僕の趣味も卓球です)。旅館は近江今津駅付近の旧い旅館丁子屋、冬の琵琶湖の鴨鍋で知る人ぞ知る料理旅館である。丁子屋は玄関扉を開けるといきなり奥に琵琶湖の青く澄んだ湖面が見えるひなびたいい宿だった。基本的な構図と配置を入念に打ち合わせし、それ以外はほぼ自由にしてもらった。欄間の隙間にカメラを仕込んで恩田さんも撮影スタッフも隣の間で待機。モデルさんたちは宿の人のお話がよほど可笑しかったらしく2時間ほど笑いっぱなし、隣の我々もそれを聞いて笑いっぱなしであった。

当時のラフスケッチ、畑野さんの一枚。

JR GROUP
·青春18きっぷ·
今しかできない旅がある
◎「青春18きっぷ」のきまり…JRの普通列車・快速列車の普通車自由席と、宮島航路に乗れます。5枚セットで、1冊11、300円。1枚のきっぷは1日限り有効。夜行列車なら、翌日0時を過ぎて最初に停車する駅まで有効です。年齢制限は、なし。5人で日帰りもよし、ひとりで5日間もよし。使い方は自由です。ただし、利用期間にはくれぐれも気をつけて。また、友だちといっしょの時は、睡眠不足と食べすぎにも気をつけて。お求めはJRの主な駅、駅の旅行センター、営業支店、主な旅行会社でどうぞ。
◎発売期間・平成6年12月1日～平成7年1月10日
◎利用期間・平成6年12月10日～平成7年1月20日
おしゃべりはつづくよどこまでも。

cd 大島征夫 Yukio Oshima
ad 込山富秀 Tomihide Komiyama
d 畑野憲一 Kenichi Hatano
大高 泉 Izumi Otaka
c 佐藤澄子 Sumiko Sato
p 恩田義則 Yoshinori Onda
st 兼子みほ Miho Kaneko
hm 鈴木えつこ Etsuko Suzuki
co 金子真樹 Maki Kaneko

一九九五年　春

東海道本線

米原駅

冬編の旅館で撮影後、米原駅にて春編（立ち食いソバ）のリハーサルをした。

グループの旅で青春18きっぷらしい駅の景色といえば、ホームの立ち食いソバだと思う。

米原駅のホームで撮影する。

実は前年冬編の旅館編撮影の折、そのまま米原駅に移動し立ち食いソバ編のリハーサルをしている。

看板はこちらで作って上からかぶせてある。

列車の待ち時間を気にしながらソバをすする景色はらしいなあと今見ても思う。右手奥の背広はロケに立ち会った営業くんである。

ロケの昼食はもちろんここのソバだった。

列車を降りると、
かならず誰かの
おなかが鳴った。
青春18きっぷ
今しかできない旅がある
いい街かどうかは、食べてみればすぐわかる。旅は、ひとつのゲームです。
◎「青春18きっぷ」のルール…JRの普通列車・快速列車の普通車自由席と宮島航路に乗れます。5枚セットのきっぷは、1枚で1日乗り放題。夜行列車なら、翌日0時を過ぎて最初の停車駅まで有効です。年齢制限なし。5人で日帰り、ひとりで5日間など、使い方は自由。ただし、利用期間にご注意を。お求めはJRの主な駅、駅の旅行センター、営業支店、主な旅行会社でどうぞ。
◎1冊(5枚つづり) 11,300円
◎発売期間:平成7年2月20日から3月31日まで
◎利用期間:平成7年3月1日から4月10日まで
名代
うどん そば
JR GROUP

cd 大島征夫 Yukio Oshima
込山富秀 Tomihide Komiyama
d 畑野憲一 Kenichi Hatano
大高 泉 Izumi Otaka
c 佐藤澄子 Sumiko Sato
山田のりこ Noriko Yamada
p 恩田義則 Yoshinori Onda
hm 鈴木えつこ Etsuko Suzuki
co 金子真樹 Maki Kaneko

一九九五年　冬

陸羽東線

中山平温泉駅付近

荒木さん再登場である。

女子二人旅を撮ることになり、温泉旅館の和室から湯煙と列車が見える部屋がいいなあと勝手な注文を出した。

カメラマン猪井さんが本当に探して来られた。

鳴子温泉郷、中山平温泉駅近くの渋い温泉旅館だった。

というわけで、この写真もアラーキーの一発撮りである。

猪井さんにはこのロケのコーディネーターも快く引き受けていただいた。

今の時代女子二人旅はめずらしくも何ともないが、この当時はまだ温泉ブームでもなく、めずらしかったと思う。

コピーは取りようでは不良のすすめとも取れなくもないが。

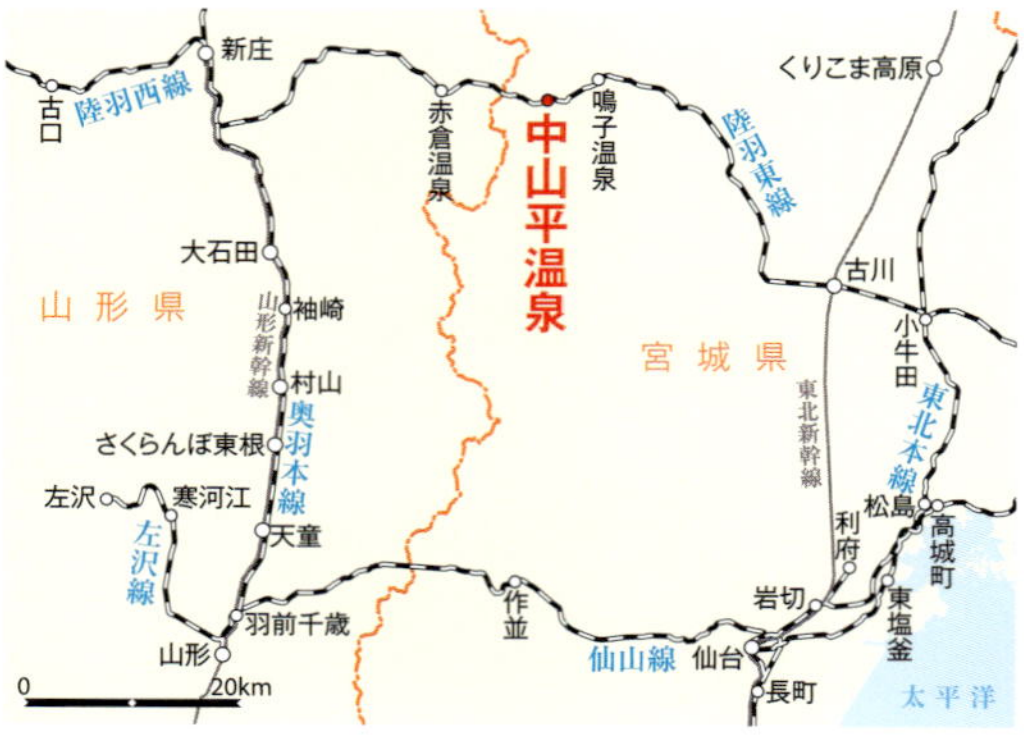

「決められたレール」は、無いほうがいい。
青春18きっぷ
何かを変える旅。
◎1枚で1日、乗り放題
◎5枚つづりで11,300円
●JRの普通列車・快速列車の普通車自由席と宮島航路に乗ることができます。
夜行列車なら、翌日0時を過ぎて最初の停車駅まで有効です。
●5人で日帰り、ひとりで5日間など使い方は自由です。
●年齢制限はありません。
●発売期間：平成7年12月1日～平成8年1月10日
●利用期間：平成7年12月10日～平成8年1月20日
お求めはJRの主な駅、駅の旅行センター、営業支店、主な旅行会社でどうぞ。

cd 大島征夫 Yukio Oshima
ad 込山富秀 Tomihide Komiyama
d 畑野憲一 Kenichi Hatano
大高 泉 Izumi Otaka
c 佐藤澄子 Sumiko Sato
p 荒木経惟 Nobuyoshi Araki
hm 鈴木えつこ Etsuko Suzuki
co 真島満秀写真事務所 Mitsuhide Mashima Photo Office

一九九六年　春

紀勢本線

二木島駅付近

前回の鳴子温泉は少し怪しい雰囲気のアラーキーの世界そのものだったので、春は一転明るく楽しいイメージにした。

背景にはよく見ると停車中の急行キハ58系が見える。

この頃は、ポスターであえて撮影地は明かしていなかったので、ポスターが出るたびに、そこがどこなのかファンの間で話題となっていたそうだ。

このポスターでは渡船の看板から調べ、二木島とわかったマニアもいたと聞いた。

コーディネーターは前回と同じく猪井さんである。

ポスターの中の小さな写真は二人の澄まし顔。

JR
JR-GROUP
この春は一度だけ。
全国のJR線が乗り放題
5日分使えるきっぷが、11,300円
JRの普通列車・快速列車の普通車自由席と宮島航路に乗ることができます。
夜行列車なら、翌日0時を過ぎて最初の停車駅まで有効です。
5人で日帰り、ひとりで5日間など、いろいろ使えます。
年齢制限はありません。
今回から、きっぷの形が5枚つづりから、1枚のものに変わりました。複数人数でご利用になる場合は、同一行程となります。
何かを変える旅。
青春18きっぷ
発売期間：平成8年2月20日～3月31日
利用期間：平成8年3月1日～4月10日
お求めはJRの主な駅、駅の旅行センター、営業支店、主な旅行会社でどうぞ。

cd 大島征夫 Yukio Oshima
ad 込山富秀 Tomihide Komiyama
d 畑野憲一 Kenichi Hatano
大高 泉 Izumi Otaka
c 佐藤澄子 Sumiko Sato
山田のりこ Noriko Yamada
p 荒木経惟 Nobuyoshi Araki
hm 鈴木えつこ Etsuko Suzuki
co 真島満秀写真事務所 Mitsuhide Mashima Photo Office

一九九六年 夏

牟《む》岐《ぎ》線

阿南〜海部駅

たまにはイラストでやって欲しいとの強い要望があり、この年は初めてのイラストで描く青春18きっぷになった。

夏は旧知の天才イラスト女子、中村幸子さんとスケッチ旅行。南国阿波の海沿いの旅なので、釣りをしてピンクの魚拓を取ったり、ウミガメと触れ合ったり、のんびり旅をかわいらしいイラストにしてもらった。

冬

只見線

会津若松〜会津柳津駅

冬は文筆家でもある安西水丸さん、僕の会社の先輩でもある。

このイラストをひとつひとつ見ていると当時の景色がふわーっと目の前によみがえってくる。

赤べこの色塗りに楽しそうに集中されていた姿が忘れられない。

只見川をバックに佇む安西さんは絵になるおしゃれな方だった。

一九九七年 春

大村線、佐世保線 他

春は桜沢エリカさんと長崎へ。

まだハウステンボス駅も新しく、列車もすでに独自のデザインが施されていた。

人気マンガ作家と2泊3日の旅、今考えるとよくスケジュールが取れたものだ。

桜沢さん、長崎は骨董屋が多いのがいたく気に入られたようだった。

中村幸子の「18きっぷ」でこんな旅
列車を降りた私たちを
待っていたのは、
海のおじさん、おばさん、
ウミガメ、ナマモノだった。
全国のJR線が乗り放題
5日分使えるきっぷが11,300円
JRの普通列車・快速列車の普通車自由席と宮島航路に、乗ることができます。
夜行列車なら、翌日0時を過ぎて最初の停車駅まで有効です。
5人グループで日帰り、ひとりで5日間など、いろいろ使えます。
複数人数でご利用になる場合は同一行程となります。
年齢制限はありません。
旅に出るヨロコビ。
青春18きっぷ
発売期間↓平成8年7月1日から平成8年8月31日まで
利用期間↓平成8年7月20日から平成8年9月10日まで
お求めはJRの主な駅 駅の旅行センター・主な旅行会社でどうぞ。

cd 大島征夫 Yukio Oshima
ad 込山富秀 Tomihide Komiyama
d 畑野憲一 Kenichi Hatano
c 佐藤澄子 Sumiko Sato
山田のりこ Noriko Yamada
il 中村幸子 Sachiko Nakamura
co 金子真樹 Maki Kaneko

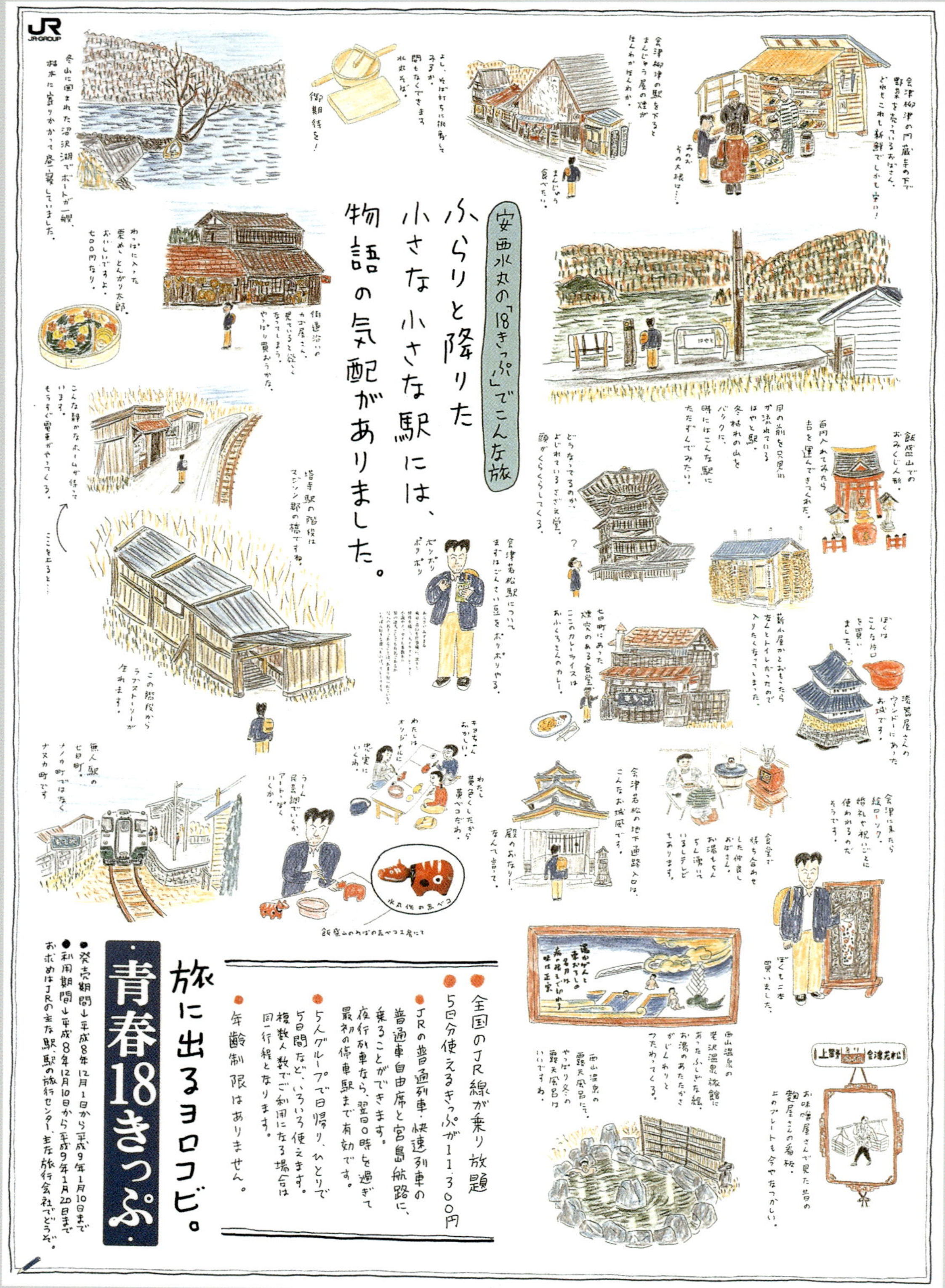
JR
JR GROUP
安西水丸の「18きっぷ」でこんな旅
ふらりと降りた
小さな小さな駅には、
物語の気配がありました。

冬山に囲まれた沼沢湖でボートが一艘、桟木に寄りかかって昼寝していました。

よし、そば打ちに挑戦してみるか。間もなくできます水丸そば。

御期待を！

会津柳津の駅を下るとまんじゅう屋の煙がほんわかほんわか。

まんじゅう食べたい。

会津柳津の円蔵寺の下で野菜を売っているおばさん。どれもこれも新鮮でしかも安い！

あのお その大根は……。

わっぱに入った栗めし とんがり太郎。おいしいですよ。600円なり。

街道沿いのカゴ屋さん。見ていると欲しくなってしまう。やっぱり買おうかな。

こんな静かなホームが待っています。もうすぐ電車がやってくる。

ここを上ると……

塔寺駅の階段はマジソン郡の橋ですね。

この階段からラブストーリーが生れます。

無人駅の七日町。ナノカ町ではなくナヌカ町です
目の前を只見川が流れているはやと駅。冬枯れの山をバックに、時にはこんな駅にたたずんでみたい。

飯盛山でのおみくじん形。

百円入れてみたら吉を運んできてくれた。

どうなってるのか、よじれているさざえ堂。頭がくらくらしてくる。

?

薪小屋かとおもったらなんとトイレだったので入りたくなってしまった。

ぼくはこんな片口を買いました。

漆器屋さんのウィンドーにあったお城です。

会津若松駅について まずはごんさい豆をポリポリやる。

ポリポリ ポリポリ
七日町にあった煙突のある食堂。ここのカレーライスはおふくろさんのカレー。

キヨちゃんおかしい。

わたしはオリジナルに忠実にいくわ。

わたし黄色くしたから黄べこだわ。

うーん民芸調でいくか、アートっぽくいくか。

水丸作の赤べこ
飯盛山のそばの赤べこ工房にて
会津若松の地下通路入口は、こんなお城風です。

殿のおなりー。なんて言って。

食堂で待ち合わせした仲良しおばさん。お湯もちんちん湧いているしテレビもあります。

会津に来たら絵ローソク。婚礼や祝いごとに使われるのだそうです。

ぼくも二本買いました。

西山温泉の老沢温泉旅館にあったふしぎな絵。お湯のあたたかさがじんわりとつたわってくる。

西山温泉の露天風呂にて。やっぱり冬の露天風呂はいいですね。

上野 会津若松
お味噌屋さんで見た昔の麹屋さんの看板。上のプレートも今やなつかしい。

旅に出るヨロコビ。
●全国のJR線が乗り放題
●5日分使えるきっぷが11,300円
●JRの普通列車・快速列車の普通車自由席と宮島航路に、乗ることができます。夜行列車なら、翌日0時を過ぎて最初の停車駅まで有効です。
●5人グループで日帰り、ひとりで5日間など、いろいろ使えます。複数人数でご利用になる場合は同一行程となります。
●年齢制限はありません。
青春18きっぷ。
●発売期間＝平成8年12月1日から平成9年1月10日まで
●利用期間＝平成8年12月10日から平成9年1月20日まで
おもとめはJRの主な駅、駅の旅行センター、主な旅行会社でどうぞ。

cd 大島征夫 Yukio Oshima
ad 込山富秀 Tomihide Komiyama
d 畑野憲一 Kenichi Hatano
c 佐藤澄子 Sumiko Sato
il 安西水丸 Mizumaru Anzai
co 金子真樹 Maki Kaneko

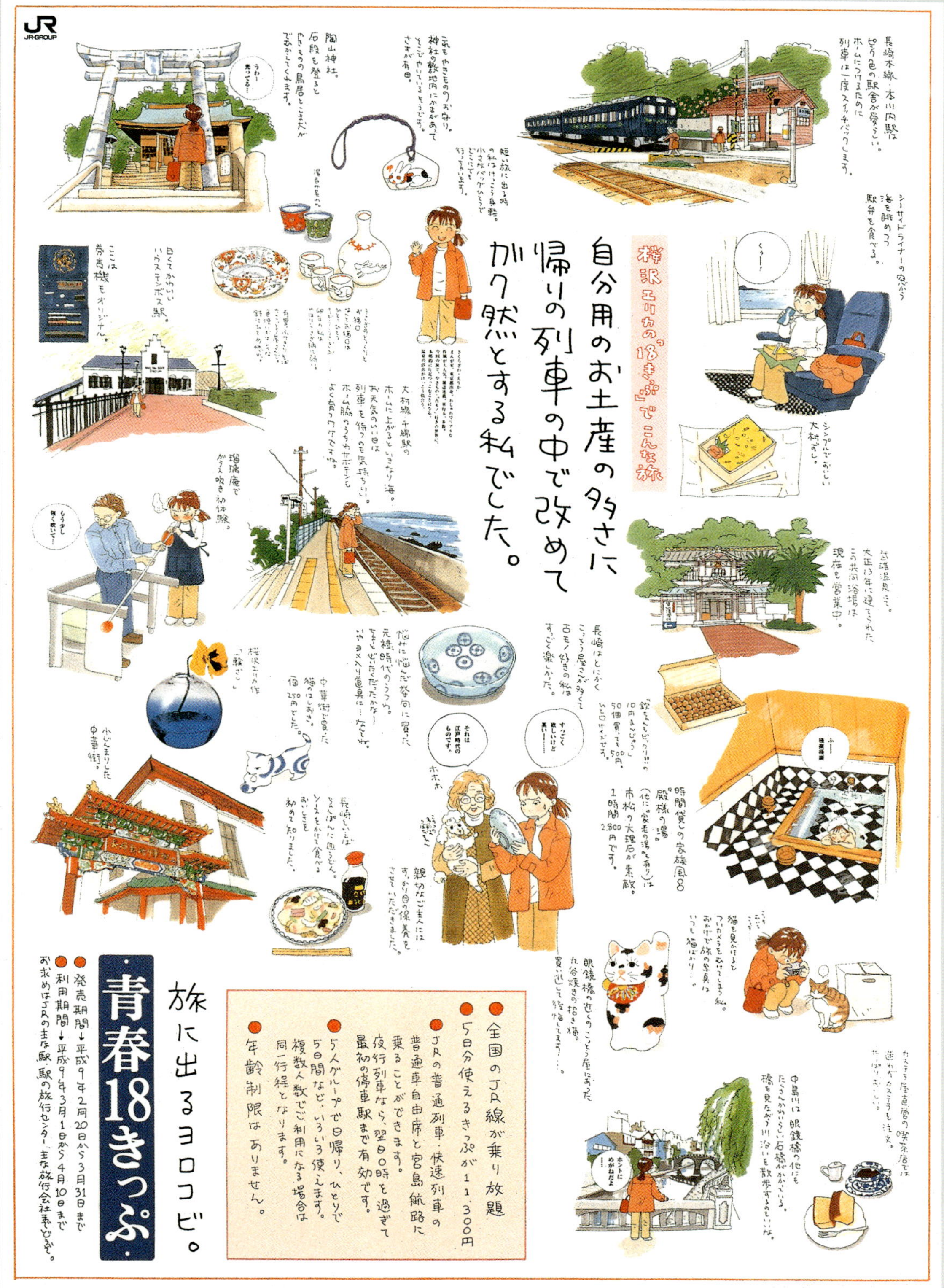

JR
JR-GROUP
桜沢エリカの"18きっぷ"でこんな旅
自分用のお土産の多さに
帰りの列車の中で改めて
がく然とする私でした。

長崎本線・本川内駅はピンク色の駅舎が愛らしい。ホームにつけるために列車は一度スイッチバックします。

これもやきもののお守り。神社の敷地内にかまがあってそこでやいているそうです。さすが有田。

陶山神社。石段を登るとやきものの鳥居とこま犬がでむかえてくれます。

うわー
短い旅に出る時の私はけっこう身軽。小さなバッグひとつでどこにでも行っちゃいます。

シーサイドライナーの窓から海を眺めつつ駅弁を食べる。

くぅー！

シンプルでおいしい大村ずし。

白くてかわいいハウステンボス駅。

ここは券売機もオリジナル。

大村線・千綿駅のホームに上がるといきなり海。お天気のいい日は列車を待つのも気持ちいい。ホーム脇のうちわサボテンもよく育つワケですね。

瑠璃庵でガラス吹き初体験。

もう少し強く吹いて…

桜沢エリカ作「一輪さし」

中華街で買った猫のはしおき。1個250円でした。

小じんまりした中華街。

悩みに悩んだ挙句に買った元禄時代のうつわ。ちょっとぜいたくだったかな〜 いやヨメ入り道具に…なんてね。

それは江戸時代のものです。

ホホホ
すっごく欲しいけど高い——……

親切なご主人にはすっかり目の保養をさせていただきました。

長崎といえばちゃんぽんに皿うどん。ソースをかけて食べるおいしさを初めて知りました。

武雄温泉にて。大正13年に建てられたこの共同浴場は現在も営業中。

長崎はとにかくこっとう屋さんが多くて古モノ好きの私はすっごく楽しかった。

「鉄ちゃんもビックリ!!の10円まんじゅう」50個買っても500円。ひと口サイズです。

時間貸しの家族風呂「殿様の湯」（他に「家老の湯」も有り）は市松の大理石が素敵。1時間2,800円です。

ふー
猫を見かけるとついカメラをむけてしまう私。おかげで旅の写真はいつも猫ばかり…。

眼鏡橋の近くのこっとう屋にあった九谷焼きの招き猫。買い逃して後悔してます…。

カステラ屋直営の喫茶店では迷わずカステラを注文。やっぱりおいしい。

中島川は眼鏡橋の他にもたくさんかわいらしい石橋がかかっている。橋を見ながら川沿いを散歩するのもいいな。

ホントにめがねだよ
●全国のJR線が乗り放題
●5日分使えるきっぷが11,300円
●JRの普通列車・快速列車の普通車自由席と宮島航路に乗ることができます。夜行列車なら、翌日0時を過ぎて最初の停車駅まで有効です。
●5人グループで日帰り、ひとりで5日間など、いろいろ使えます。複数人数でご利用になる場合は同一行程となります。
●年齢制限はありません。
旅に出るヨロコビ。

青春18きっぷ
●発売期間↓平成9年2月20日から3月31日まで
●利用期間↓平成9年3月1日から4月10日まで
お求めはJRの主な駅、駅の旅行センター、主な旅行会社までどうぞ。

cd　大島征夫　Yukio Oshima
ad　込山富秀　Tomihide Komiyama
d　畑野憲一　Kenichi Hatano
c　佐藤澄子　Sumiko Sato
山田のりこ　Noriko Yamada
il　桜沢エリカ　Erica Sakurazawa
co　金子真樹　Maki Kaneko

一九九七年　夏

釧網本線

知床斜里駅付近

この年から企画の〝鉄分〟が急に濃くなって来た。北海道らしいまっすぐな線路を求めて釧網本線を探しまわった。見つけた線路のバラストの上は赤錆だらけで、オホーツクの潮風の厳しさがわかる。線路だけではハード過ぎるので線路脇には旅人が欲しかった。

ただ、線路脇には大きな車道はあっても、程よい小道はなかなかなく、ようやく見つかったのは地図にもない漁師さんが作った小さな道だった。今ならグーグルマップで簡単だったろうに。

カメラマンに起用したのは、当時気鋭のカメラマンとして活躍されていた清野賀子さん。

コピーを見るとまっすぐに延びたレールは、旅する若者のこれから進む道のようにも見えてきた。

斜里の街でつつましくも素敵な山岳美術館を見つけた。入り口で知人に声をかけられ驚いた。山岳美術館はその人の実家で帰省中だったのだ。

ポスターの反対向きの風景、知床の山々が見える。

どこまで行ってもいいんですか。
青春18きっぷ
◎全国のＪＲ線が乗り放題　◎一枚で５回分使えるきっぷが１１，５００円（一回分の有効期間は、乗車当日限りです。）◎ＪＲ全線の普通列車・快速列車の普通車自由席と宮島航路に、乗ることができます。夜行列車なら翌日０時を過ぎて最初の停車駅まで有効です。◎５人グループで日帰り、ひとりで５日間など、いろいろ使えます。複数人数でご利用になる場合は同一行程となります。◎年齢制限はありません。
●発売期間 ↓ 平成９年７月１日から 平成９年８月31日まで
●利用期間 ↓ 平成９年７月20日から 平成９年９月10日まで
お求めはＪＲの主な駅、駅の旅行センター、主な旅行会社でどうぞ。

cd 大島征夫 Yukio Oshima
ad 込山富秀 Tomihide Komiyama
d 畑野憲一 Kenichi Hatano
c 佐藤澄子 Sumiko Sato
p 清野賀子 Yoshiko Seino
st 兼子みほ Miho Kaneko
co 金子真樹 Maki Kaneko

一九九七年　冬

土讃線

西佐川駅

レンタカーで一駅ごとに撮影候補地を下見していった。

カーナビもGPSも身近に無い時代。

地図を頼りに一駅ずつ回って行く中で、西佐川駅から見た斜光に輝くレールと、時代を経てなお活躍している淡い水色の跨線橋の存在感にすごく感動したことを覚えている。

冬の季節感をポスターで演出するために水色の線路を跨ぐ橋と旅人のブルーのダッフルコートと冬空の水色が互いに効果を引き出していると思うのだけれど、どうでしょう。


（アートディレクター畑野憲一）

風にさらされた駅名板を見つけた。

JR-GROUP
どうして旅をするのかな…
◎全国のＪＲ線が乗り放題　◎一枚で5回分使えるきっぷが11,500円（一回分の有効期間は、乗車当日限りです。）◎5人グループで日帰り、ひとりで5日間など、いろいろ使えます。全員が同一行程で旅行する場合に限り、グループで使用できます。◎ＪＲの普通列車・快速列車の普通車自由席と宮島航路に、乗ることができます。夜行列車など、翌日にまたがる列車にご乗車の場合は、0時を過ぎて最初に停車する駅まで有効です。◎年齢制限はありません。
・青春18きっぷ・
◎発売期間↓平成9年12月1日から平成10年1月10日まで
◎利用期間↓平成9年12月10日から平成10年1月20日まで
お求めはＪＲの主な駅、駅の旅行センター、主な旅行会社でどうぞ。

cd　大島征夫　Yukio Oshima
ad　込山富秀　Tomihide Komiyama
d　畑野憲一　Kenichi Hatano
c　佐藤澄子　Sumiko Sato
p　田中 良　Ryo Tanaka
st　兼子みほ　Miho Kaneko
co　金子真樹　Maki Kaneko

一九九八年　春

三角線

赤瀬駅

草の状態を直しているコピーライター佐藤さん。

石で積まれた昔ながらの旧いトンネル、大きく湾曲したレールと苔むしたホーム、熊本の三角線赤瀬駅はあたりから孤立した秘境駅の趣があり、スタッフみな気に入ってしまった。

現場の立ち会いに来られたＪＲ関係者の方が、この駅のどこがいいのか真顔で聞いてこられたのにはまいった。

まだ寒さが厳しい冬だったので、ホーム脇の土手を一日かけて緑の草や黄色い花を植えて春らしくしてみた。

青春18きっぷの旅はこのコピーのように、もうひと駅、もうひと駅と進んで行く。

もうひとつ先の駅が見たい。
◎全国のJR線が乗り放題
◎一枚で5回分使えるきっぷが11,500円
◎JRの普通列車・快速列車の普通車自由席と宮島航路に乗ることができます。
◎1回分の有効期間は乗車日当日限りです。夜行列車など、翌日にまたがる列車にご乗車の場合は0時を過ぎて最初に停車する駅まで有効です。◎全員が同一行程で旅行する場合に限り、グループで使用できます。◎年齢制限はありません。
・青春18きっぷ・
◎発売期間　平成10年2月20日から3月31日まで
◎利用期間　平成10年3月1日から4月10日まで
お求めはJRの主な駅、駅の旅行センター、主な旅行会社まで。

cd　大島征夫　Yukio Oshima
ad　込山富秀　Tomihide Komiyama
d　畑野憲一　Kenichi Hatano
c　佐藤澄子　Sumiko Sato
p　小林 鷹　Taka Kobayashi
st　大江真理子　Mariko Oe
co　金子真樹　Maki Kaneko

一九九八年　夏

根室本線

落石駅付近

前年一年間憑かれたように数々の線路を見て来て、この年はさらに線路の美しさを捉えてみたくなった。

なぜか2年連続で北海道。本州ではあり得ない景色を走る線路を求めて、まず海沿いを走る日高本線をじっくり探しながら、そのまま海岸沿いを東に向かった。

根室本線に入り、もうすぐ終着根室駅に着く少し前でようやく見つけた。そこはまるでアリゾナのような日本離れした荒寥とした平原だった。地平線に向かって途切れ途切れに線路が光り、左手は大きな岬になって切り立っており、波の音と地をはう風の音がゴーゴーと混ざる。枕木のペイントの数字もイカしていた。

またしても、わざわざ来てもらった旅少女は小さく入れてしまった。現地には野犬もいるし道もありません。うっかり行くと相当危険です。

ロケ地からほど近い昆布盛岬での記念写真。この夏のポスターから真島満秀写真事務所が撮影に参加した。

JR
JR-GROUP
もう3日もテレビを見ていません。
◎全国のJR線が乗り放題 ◎年齢制限はありません
◎一枚で5回分使えるきっぷが11、500円
◎JRの普通列車・快速列車の普通車自由席と宮島航路に乗ることができます。◎一回分の有効期間は乗車当日限りです。夜行列車など、翌日にまたがる列車にご乗車の場合は0時を過ぎて最初に停車する駅まで有効です。◎全員が同一行程で旅行する場合に限り、グループで使用できます。◎お求めはJRの主な駅、駅の旅行センター、主な旅行会社までどうぞ。
・青春18きっぷ・
◎発売期間：平成10年7月1日から8月31日まで
◎利用期間：平成10年7月20日から9月10日まで
根室本線

scd　大島征夫　Yukio Oshima
cd + ad　込山富秀　Tomihide Komiyama
ad + d　畑野憲一　Kenichi Hatano
c　佐藤澄子　Sumiko Sato
p　真島満秀写真事務所　Mitsuhide Mashima Photo Office

一九九八年　冬

予讃線

下灘駅

四国で海が望めてレールが気持ちよく延びる駅、それが初めて降りた下灘駅の印象だった。駅は海に向かって高台にあり、西に伊予灘が広がる。国道は海沿いに走るが下にあるので気にならない。

ホームにあるペイントされた木製の待合所もレールの曲がり具合もいい。レールがシャープに光ってくれるように、海以外はすべて山の影に入ってしまう早朝の時間に撮影。モデルは地元愛媛の女子大生、マイカーで2〜3日通ってもらった。

当時、付近には店らしきものはなく、駅前のミカン山で分けてもらったミカンを食べながらのロケだった。

松山市内のレトロ鍋焼きうどん。地元のモデルさんのご両親が新婚からデートで通っていたそうだ。甘口だがなんともうまい！

JR
JR GROUP
駅に着いた列車から、
高校生の私が降りてきた。
◎全国のJR線が乗り放題◎年齢制限はありません
◎一枚で5回分使えるきっぷが11、500円
◎JRの普通列車・快速列車の普通車自由席と宮島航路に乗ることができます。◎一回分の有効期間は乗車当日限りです。夜行列車など、翌日にまたがる列車にご乗車の場合は0時を過ぎて最初に停車する駅まで有効です。◎全員が同一行程で旅行する場合に限り、グループで使用できます。
◎お求めはJRの主な駅、駅の旅行センター、主な旅行会社までどうぞ。
・青春18きっぷ・
◎発売期間:平成10年12月1日から平成11年1月10日まで
◎利用期間:平成10年12月10日から平成11年1月20日まで

scd　大島征夫　Yukio Oshima
cd + ad　込山富秀　Tomihide Komiyama
ad + d　畑野憲一　Kenichi Hatano
c　佐藤澄子　Sumiko Sato
p　真島満秀写真事務所　Mitsuhide Mashima Photo Office

一九九九年　春

久大本線

野矢〜由布院駅

撮影時のひとこま。線路脇に地蔵のお堂があり軒先をお借りした。右はカメラマン真島さん。

夏、冬のレールシリーズとは趣の違う風景が見つかった。

由布岳を背景にしたレールの脇にサインのような一本杉があった。

前夜の集合場所は別府温泉の旅館。猪井さんが現場に仕込むための菜の花が大量に仕入れ先の房総から到着していた。

あいにく未だつぼみだったので、部屋の暖房をガンガンたいてもらったがなかなかつぼみは開いてくれなかった。

コピーは、１９９０年の夏編もそうだが、一瞬の青春のきらめきのようなものが伝わってくる。

学校を卒業すると、
春は黙って行ってしまうようになる。
◎全国のJR線が乗り放題◎年齢制限はありません
◎一枚で5回分使えるきっぷが11,500円
◎JRの普通列車・快速列車の普通車自由席と宮島航路に乗ることができます。◎一回分の有効期間は乗車当日限りです。夜行列車など、翌日にまたがる列車にご乗車の場合は0時を過ぎて最初に停車する駅まで有効です。◎全員が同一行程で旅行する場合に限り、グループで使用できます。
◎お求めはJRの主な駅、駅の旅行センター、主な旅行会社までどうぞ。
・青春18きっぷ・
◎発売期間 平成11年2月20日から3月31日まで
◎利用期間 平成11年3月1日から4月10日まで
久大本線

scd 大島征夫 Yukio Oshima
cd + ad 込山富秀 Tomihide Komiyama
ad + d 畑野憲一 Kenichi Hatano
c 佐藤澄子 Sumiko Sato
p 真島満秀写真事務所 Mitsuhide Mashima Photo Office

一九九九年　夏

釧網本線

川湯温泉駅

普段使う都会の駅の壁面に、そこからはるか先にある小さな駅の改札口をポッカリと登場させてみた。

たとえば新宿駅から愛媛の下灘駅、大阪駅から宮崎のえびの駅。

駅としての規模や姿は比較にならないけれど、基本的な機能としてはどちらも同じ駅に違いない。

ひとつの駅が４５５６のＪＲすべての駅につながる〝入り口でもあり出口でもある〟という単純な事実も不思議な感じがした。

改札からの景色がどう見えるのか、鉄道を専門とする写真事務所でもその情報はなくひと駅ひと駅探す他なかった。

この北海道編ではターミナル駅以外はほとんどの駅を見たのではないか。

改札抜けの景色探しも難航したが、当時すでに改札口のラッチが撤去されていることが多くロケハンは難儀した。この写真の山の向こうは摩周湖である。

駅舎内にはしゃれたレストランがあります。

川湯温泉駅は立派な駅である。改札口は白樺で出来ていた。

あなたの駅からすべての駅へ
青春18きっぷ
◎全国のＪＲ線が乗り放題◎年齢制限はありません。
◎一枚で5回分使えるきっぷが11、500円
◎ＪＲの普通列車・快速列車の普通車自由席と宮島航路に乗ることができます。◎一回分の有効期間は乗車当日限りです。夜行列車など、翌日にまたがる列車にご乗車の場合は0時を過ぎて最初に停車する駅まで有効です。◎全員が同一行程で旅行する場合に限り、グループで使用できます。◎お求めはＪＲの主な駅、駅の旅行センター、主な旅行会社までどうぞ。
◎発売期間：平成11年7月1日から8月31日まで
◎利用期間：平成11年7月20日から9月10日まで
かわゆおんせん
ああ、ここだ、と思う駅がきっとある。

scd 大島征夫 Yukio Oshima
cd + ad 込山富秀 Tomihide Komiyama
ad + d 畑野憲一 Kenichi Hatano
c 佐藤澄子 Sumiko Sato
p 真島満秀写真事務所 Mitsuhide Mashima Photo Office

一九九九年　冬

予讃線

下灘駅

長い長い旅をして、ようやく降り立った駅からの景色がこんなだったらたまらない。

駅の改札口とは神社の鳥居、料理屋ののれんのようなものだ。改札口から先が旅人にとって訪問の地であり、改札を抜けてその地の風情や文化を人は体験することになる。

現場では壁に丸い時計がどうしても欲しく、隣駅まで行って借りて来てもらった。

当時、ホームに見える駅看板は海側に向けられており、撮影時はこちら向きに付け替えて行き先の駅名は合成修整した。今は両面に看板がついている。いつもの列車通勤の途中、ふとこのままどこか遠くの町まで行ってしまいたい衝動にかられていた頃だった。

フィルムを装填する真島さん。水平線が高いのがわかる。

思わず降りてしまう、という経験をしたことがありますか。
あなたの駅からすべての駅へ
青春18きっぷ
◎全国のJR線が乗り放題◎年齢制限はありません。
◎一枚で5回分使えるきっぷが11、500円
◎JRの普通列車・快速列車の普通車自由席と宮島航路に乗ることができます。◎一回分の有効期間は乗車当日限りです。夜行列車など、翌日にまたがる列車にご乗車の場合は0時を過ぎて最初に停車する駅まで有効です。◎全員が同一行程で旅行する場合に限り、グループで使用できます。◎お求めはJRの主な駅、駅の旅行センター、主な旅行会社までどうぞ。
◎発売期間：平成11年12月1日から平成12年1月10日まで
◎利用期間：平成11年12月10日から平成12年1月20日まで

scd　大島征夫　Yukio Oshima
cd + ad　込山富秀　Tomihide Komiyama
ad + d　畑野憲一　Kenichi Hatano
c　佐藤澄子　Sumiko Sato

p　真島満秀写真事務所　Mitsuhide Mashima Photo Office

二〇〇〇年 春

吉都線

えびの駅

南九州には嘉例川駅をはじめ、木造で風格のある駅がいくつも残っていた。そこではたいてい手作りの座布団が置かれていたり、鉢植えや花が飾られ、地元の人々に大切にされてきたのがよくわかる。

そんな駅に入ると空気も澄んでいるように感じる。

えびの駅も無人化はされていたが、駅舎の待合室には風雨に磨かれた見事なタタキが残っており、駅がにぎわっていた往時がしのばれる。

そのタタキに冬の斜光が差し込む時間を狙ってみた。

えびの駅ホームの夕景。

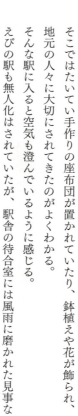

通過しない。立ち止まって記憶する。
そんな旅です。
あなたの駅からすべての駅へ
青春18きっぷ
◎全国のJR線が乗り放題◎年齢制限はありません。
◎一枚で5回分使えるきっぷが11,500円
◎JRの普通列車・快速列車の普通車自由席と宮島航路に乗ることができます。◎一回分の有効期間は乗車当日限りです。夜行列車など、翌日にまたがる列車にご乗車の場合は0時を過ぎて最初に停車する駅まで有効です。◎全員が同一行程で旅行する場合に限り、グループで使用できます。◎お求めはJRの主な駅、駅の旅行センター、主な旅行会社までどうぞ。
◎発売期間:平成12年2月20日から3月31日まで
◎利用期間:平成12年3月1日から4月10日まで

scd　大島征夫　Yukio Oshima
cd + ad　込山富秀　Tomihide Komiyama
ad + d　畑野憲一　Kenichi Hatano
c　佐藤澄子　Sumiko Sato
p　真島満秀写真事務所　Mitsuhide Mashima Photo Office

二〇〇〇年 夏

根室本線

厚床《あっとこ》駅

停車場＝駅というならば、その原点の形を見せる駅が北海道にあった。

駅名は厚床、根室本線にある。

カメラの前も後ろもアフリカのサバンナを思わせる大平原で、時おり遠くに巨大なシカが縦横に飛び回っては消える。

駅が小さい代わりに、まわりのすべてのスケールが大きく、縦長のポスターではどうにもこのスケール感を表すのは辛い。

空を思い切って広く取ってみた。

カメラマンは小林伸一郎さん、廃墟写真家である。

北海道は鉄道の廃線が本州に比べ多く残っている。ロケハン中になんどか森の中で廃線の橋梁などに遭遇した。

小林さんの廃墟に対する想いが呼んだのに違いない。

青春18きっぷ
◎全国のJR線が乗り放題◎年齢制限はありません
◎1枚で5回分使えるきっぷが11、500円
○JRの普通列車・快速列車の普通車自由席と宮島航路に乗ることができます。○1回分の有効期間は乗車当日限りです。夜行列車など、翌日にまたがる列車にご乗車の場合は0時を過ぎて最初に停車する駅まで有効です。○全員が同一行程で旅行する場合に限り、グループで使用できます。○お求めはJRの主な駅、駅の旅行センター、主な旅行会社までどうぞ。
◎発売期間：平成12年7月1日から8月31日まで
◎利用期間：平成12年7月20日から9月10日まで
JR
「早く着くこと」よりも
大切にしたいことがある人に。
あっとこ
厚床
Attoko
はったうし
あねべつ

scd　大島征夫　Yukio Oshima
cd + ad　込山富秀　Tomihide Komiyama
ad + d　畑野憲一　Kenichi Hatano
c　佐藤澄子　Sumiko Sato
p　小林伸一郎　Shinichiro Kobayashi

二〇〇〇年 冬

予讃線

下灘駅

四国の下灘駅は3度目である。

構図は前年のロケの時に細部まで決めてあった。

ただ、駅前にはすぐにミカン山が迫るため、カメラがどうしても少ししか引けない。広角レンズではベンチの屋根や柱、水平線が歪んでしまい静かな広い感じがでない。

そこで海とホームは特殊なパノラマカメラで撮り、空と2分割して撮影、それをつないで一枚にした。

つまり想像上の架空の写真であった。

このポスターをご覧になって現地で同じ写真を試みた方、ごめんなさい。

望遠レンズで撮ったホームの夕景。

青春18きっぷ
◎全国のJR線が乗り放題です。
◎年齢制限はありません。◎1枚で5回分使えるきっぷが11,500円。
◎JRの普通列車・快速列車の普通車自由席と宮島航路に乗ることができます。
◎1回分の有効期間は乗車当日限りです。夜行列車など、翌日にまたがる列車にご乗車の場合は0時を過ぎて最初に停車する駅まで有効です。
◎全員が同一行程で旅行する場合に限り、グループで使用できます。
◎お求めはJRの主な駅、駅の旅行センター、主な旅行会社までどうぞ。
◎発売期間：平成12年12月1日～平成13年1月10日
◎利用期間：平成12年12月10日～平成13年1月20日
前略、僕は日本のどこかにいます。

scd　大島征夫　Yukio Oshima
cd + ad　込山富秀　Tomihide Komiyama
ad + d　畑野憲一　Kenichi Hatano
c　山田のりこ　Noriko Yamada
p　真島満秀写真事務所　Mitsuhide Mashima Photo Office

二〇〇一年 春

日田彦山線

大鶴駅

撮影時期は九州でもまだ寒い1月、写真には写っていないが裏手には大きな製材所があった。

このあたりは日田杉が有名である。

普通の目線の高さで撮ると製材所がしっかり写ってしまう。

カメラの三脚をギリギリまで低くしても足りず、しかたがないので、さらに地面に穴を掘り、そこから撮影した。

ロケ中はほとんど乗降客と会うことがなかった。今でも利用者は一日数十人であるらしい。

少しでも春らしい雲になるよう祈りながらの撮影だった。

近所に食事ができるようなところはなく、宿に近いところで見つけた中華食堂で出前を頼んで現地の野原で食べてみた。

ホームの向こうに製材所が少し見える。市松の壁紙に見えるのは地元の方の俳句がキレイに貼られていたから。

青春18きっぷ
◎全国のJR線が乗り放題です。
◎年齢制限はありません。◎1枚で
5回分使えるきっぷが11,500円。
◎JRの普通列車・快速列車の普通車自由席と宮島航路に乗ることができます。
◎1回分の有効期間は乗車当日限りです。夜行列車など、翌日にまたがる列車にご乗車の場合は0時を過ぎて最初に停車する駅まで有効です。
◎全員が同一行程で旅行する場合に限り、グループで使用できます。
◎お求めはJRの主な駅、駅の旅行センター、主な旅行会社までどうぞ。
◎発売期間：平成13年2月20日から3月31日まで
◎利用期間：平成13年3月1日から4月10日まで
たまには道草ばっかりしてみる。
おおつる

scd　大島征夫　Yukio Oshima
cd + ad　込山富秀　Tomihide Komiyama
ad + d　畑野憲一　Kenichi Hatano
c　山田のりこ　Noriko Yamada
p　真島満秀写真事務所　Mitsuhide Mashima Photo Office

紀勢本線

二〇〇一年　夏

大曽根浦駅

紀勢本線のロケハンは難航した。駅に小さく旅人を配したいのだが、旅人がうまく目立つ駅が見つからない。

あきらめかけていた頃、カメラマンの長根さんが見つけて来てくれた駅が大曽根浦駅だった。駅舎自体は周りの民家に溶け込んでいるが、手前から道がまっすぐに続いた先がちょうど駅のホームになっていた。

そのホームに旅人の青年を立たせた。

駅の向こうには小さな漁港と尾鷲湾が広がり、駅らしくないところも気に入った。

カメラは手前の山の上から狙うしかなく、地元の土建屋さんに丸太の櫓の足場を組んでもらい、その上から望遠レンズで撮影した。

未明から準備し、夜明けを待った。ホームの灯りに照らされて、旅人は遠目でもしっかり存在感を出してくれた。

青春18きっぷ
◎全国のJR線が乗り放題です。
◎年齢制限はありません。◎1枚で
5回分使えるきっぷが11,500円。
◎JRの普通列車・快速列車の普通車自由席と宮島航路に乗ることができます。
◎1回分の有効期間は乗車当日限りです。夜行列車など、翌日にまたがる
列車にご乗車の場合は0時を過ぎて最初に停車する駅まで有効です。
◎全員が同一行程で旅行する場合に限り、グループで使用できます。
◎お求めはJRの主な駅、駅の旅行センター、主な旅行会社までどうぞ。
◎発売期間：平成13年7月1日から8月31日まで
◎利用期間：平成13年7月20日から9月10日まで
夏休みは、寝坊が一番もったいない。

scd　大島征夫　Yukio Oshima
cd＋ad　込山富秀　Tomihide Komiyama
ad＋d　畑野憲一　Kenichi Hatano
c　山田のりこ　Noriko Yamada
p　真島満秀写真事務所　Mitsuhide Mashima Photo Office

二〇〇一年　冬

山陰本線

鎧《よろい》駅

山陰本線は日本一長い鉄道路線である。一人で山陰本線を京都から下り、城崎温泉を過ぎてしばらく行った頃、車窓の右手下方向に日本海の白波がいく筋も光って見えてきた。列車は鎧駅で停まった。

駅は相当な高台にあり、今は使われていないホームにはベンチが日本海に面して置いてある。ホームをくぐる地下道の入り口はまるで戦闘機のキャノピーのようだ。そこをくぐって上り線ホームにあるそのベンチにすわると足下のすぐ先は大きくえぐられた断崖で、急な階段がはるか真下の鎧の小さな漁港につながっていた。駅舎には大学ノートが置かれ、この駅をたずねた旅人の言葉がいくつも書かれてあった。

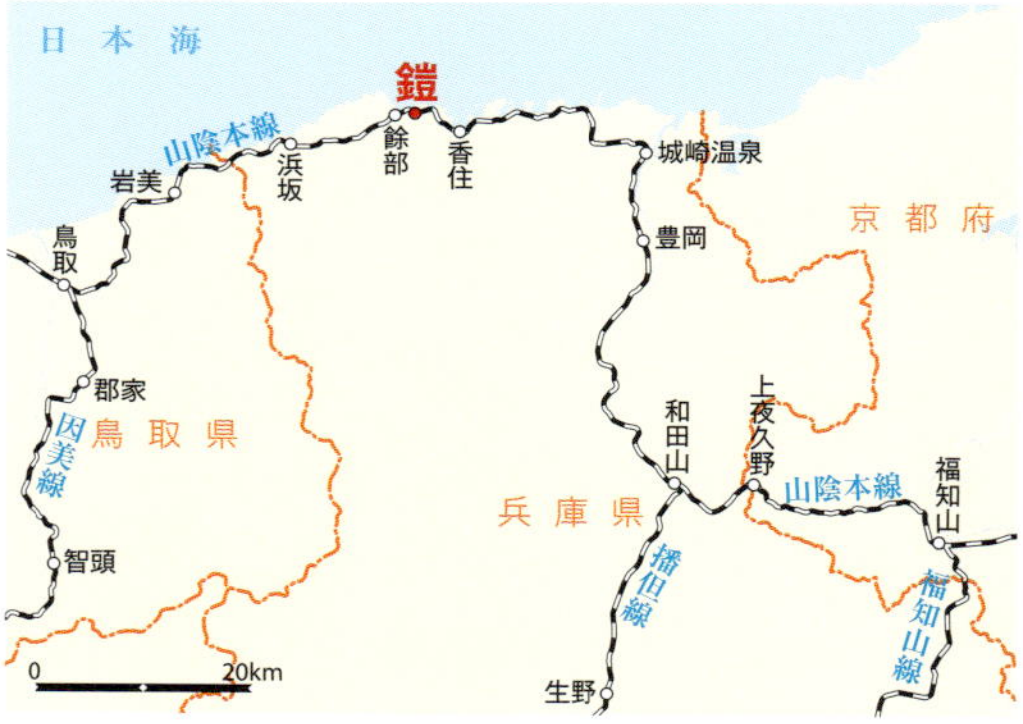

日本海に直にさらされている絶景ではなく一歩手前の絶景というのが渋い。

青春18きっぷ
◎全国のJR線が乗り放題です。
◎年齢制限はありません。◎1枚で
5回分使えるきっぷが11,500円。
◎JRの普通列車・快速列車の普通車自由席と宮島航路に乗ることができます。
◎1回分の有効期間は乗車当日限りです。夜行列車など、翌日にまたがる
列車にご乗車の場合は0時を過ぎて最初に停車する駅まで有効です。
◎全員が同一行程で旅行する場合に限り、グループで使用できます。
◎お求めはJRの主な駅、駅の旅行センター、主な旅行会社までどうぞ。
◎発売期間：平成13年12月1日〜平成14年1月10日
◎利用期間：平成13年12月10日〜平成14年1月20日
なんでだろう。涙がでた。

scd　大島征夫　Yukio Oshima
cd + ad　込山富秀　Tomihide Komiyama
ad + d　畑野憲一　Kenichi Hatano
c　山田のりこ　Noriko Yamada
p　真島満秀写真事務所　Mitsuhide Mashima Photo Office

二〇〇二年　春

五能線

驫《とどろ》木《き》駅

驫木駅は海がしけると波をかぶるような位置にある。

「轟く」ではなく「驫く」と書く。しけの海の音を表しているのだろう。

隣駅は「風《か》合《そ》瀬《せ》」という。まったく五能線は駅名だけで旅に出たくなる駅がいくつもある。

嵐のような荒天が似合う驫木駅だが、春編なのでおだやかなやさしい駅に撮ってもらった。

小さな板張りの駅舎にはツバメが巣を作っていたが、ヘビがそれを狙っていた。コピーライターの山田さんが平然と追い払うのを、および腰で唖然と眺めるカメラマン猪井さんがいた。

冬の荒天はこんな景色。

青春18きっぷ
◎全国のJR線が乗り放題です。
◎年齢制限はありません。◎1枚で
5回分使えるきっぷが11,500円。
◎JRの普通列車・快速列車の普通車自由席と宮島航路に乗ることができます。
◎1回分の有効期間は乗車当日限りです。夜行列車など、翌日にまたがる
列車にご乗車の場合は0時を過ぎて最初に停車する駅まで有効です。
◎全員が同一行程で旅行する場合に限り、グループで使用できます。
◎お求めはJRの主な駅、駅の旅行センター、主な旅行会社までどうぞ。
◎発売期間：平成14年2月20日から3月31日まで
◎利用期間：平成14年3月1日から4月10日まで
タンポポみたいに旅にでた。

scd　大島征夫　Yukio Oshima
cd＋ad　込山富秀　Tomihide Komiyama
ad＋d　畑野憲一　Kenichi Hatano
c　山田のりこ　Noriko Yamada
p　真島満秀写真事務所　Mitsuhide Mashima Photo Office

二〇〇二年　夏

山陰本線

折居～三保三隅駅

ひとが旅立つきっかけについて、コピーにしたいなあ。それがこの年のテーマとなった。

何かに一区切りつけたいという時、この青春18きっぷの旅は何かしら効能があるかもしれない。実際は、なーんにも考えないで帰ってくることになるのかもしれないけれど、それも旅のよいところだ。

モデルはカメラマン猪井さんのご長男。あとで知ったが彼はこの頃人生に行き詰まりを感じていたそうだ。

はからずも、コピーはそんな彼の心情を映したものになった。

（コピーライター山田のりこ）

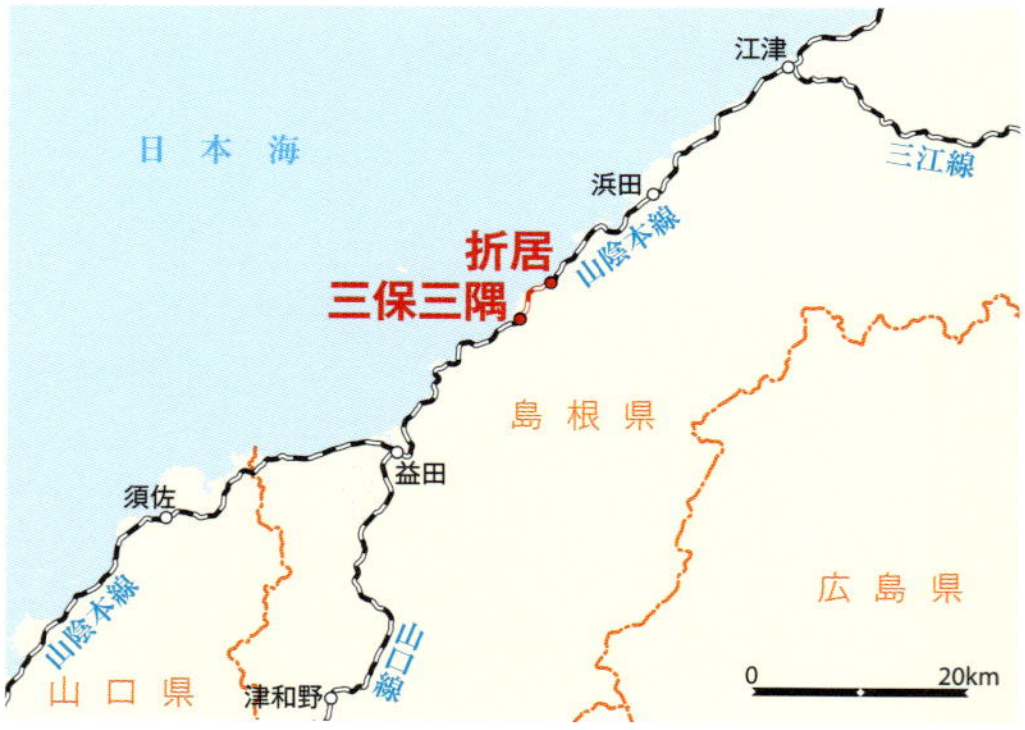

青春18きっぷ
◎全国のＪＲ線が乗り放題です。
◎年齢制限はありません。◎１枚で
５回分使えるきっぷが11,500円。
◎ＪＲの普通列車・快速列車の普通車自由席と宮島航路に乗ることができます。
◎１回分の有効期間は乗車当日限りです。夜行列車など、翌日にまたがる
列車にご乗車の場合は０時を過ぎて最初に停車する駅まで有効です。
◎全員が同一行程で旅行する場合に限り、グループで使用できます。
◎お求めはＪＲの主な駅、駅の旅行センター、主な旅行会社までどうぞ。
◎発売期間：平成14年７月１日から８月31日まで
◎利用期間：平成14年７月20日から９月10日まで
自分の部屋で、人生なんて考えられるか？

scd　大島征夫　Yukio Oshima
cd + ad　込山富秀　Tomihide Komiyama
ad + d　畑野憲一　Kenichi Hatano
c　山田のりこ　Noriko Yamada
p　真島満秀写真事務所　Mitsuhide Mashima Photo Office

二〇〇二年 冬

大湊線

有戸〜吹越駅

ずっと野辺地の宿で天気待ちをしていた。最終日に天気が回復しそうな予感。真島さんの「今日はいける！」という力強い掛け声で出発。風がドラマチックな雲を沢山運んできた。現地にあった朽ちた木の小舟に座っている旅人と車両のバランスを配慮しながら撮影。旅人を画面の端に配置することで、駅でポスターを見た方に、旅に出てその場に佇んで風景を見ている気分を共有していただけたらという企画。

（アートディレクター畑野憲一）

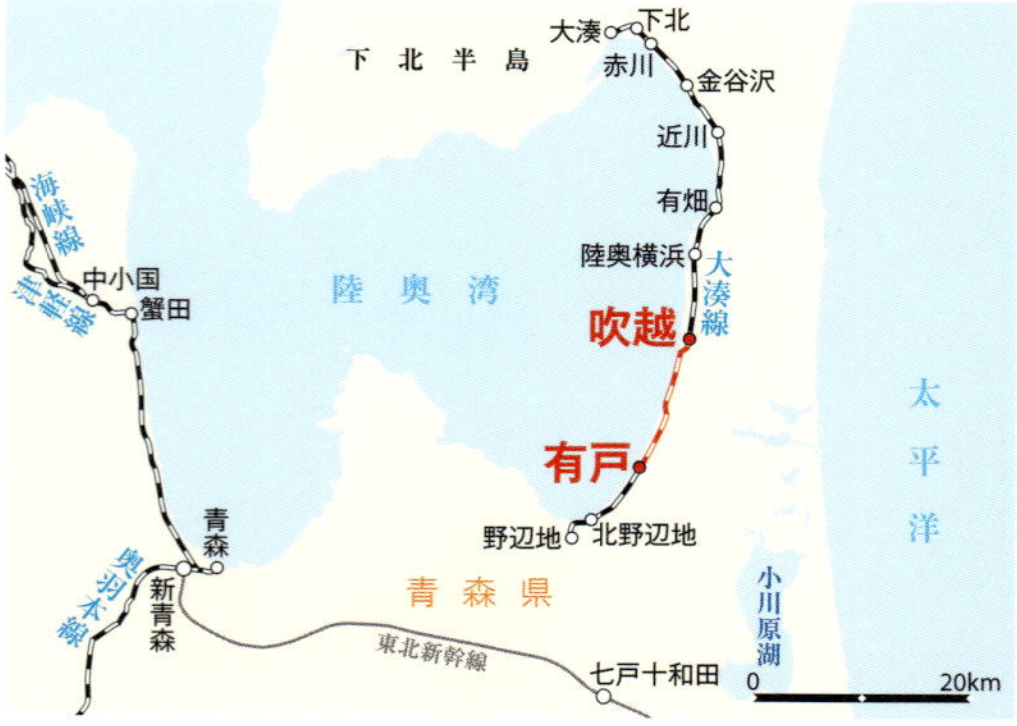

冒険が足りないと、いい大人になれないよ。
青春18きっぷ
◎全国のJR線が乗り放題です。
◎年齢制限はありません。◎1枚で5回分使えるきっぷが11,500円。
◎JRの普通列車・快速列車の普通車自由席と宮島航路に乗ることができます。ただし津軽海峡線木古内～蟹田間及び石勝線新得～新夕張間内の駅相互発着の場合に限り、特急列車の普通車自由席に乗車できます。当該区間をまたがって乗車する場合は乗車全区間の特急券・乗車券が必要です。◎1回分の有効期間は乗車当日限りです。夜行列車など、翌日にまたがる列車にご乗車の場合は0時を過ぎて最初に停車する駅まで有効です。◎全員が同一行程で旅行する場合に限り、グループで使用できます。◎お求めはJRの主な駅、駅の旅行センター、主な旅行会社までどうぞ。
◎発売期間：平成14年12月1日～平成15年1月10日まで
◎利用期間：平成14年12月10日～平成15年1月20日まで

scd　大島征夫　Yukio Oshima
cd + ad　込山富秀　Tomihide Komiyama
ad + d　畑野憲一　Kenichi Hatano
c　山田のりこ　Noriko Yamada
p　真島満秀写真事務所　Mitsuhide Mashima Photo Office

二〇〇三年　春

高山本線

飛驒金山〜焼石駅

鉄橋は川を渡るばかりでなく、渓谷に沿ってもかかっていた。

今回は撮影地候補が複数あった。

最終的には高山本線になったが、名松線や参宮線でも撮影を行った。

テーマは春らしく緑があって水辺を旅する場所。下呂温泉に集合して温泉に浸かって、次の早朝から飛騨川のダムに映る列車と山並みを撮影。

風が完全に止むと水面は鏡のように風景を映し込む。

天気と無風に恵まれたロケだった。


（アートディレクター畑野憲一）

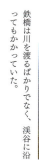

JR
青春18きっぷ
◎全国のＪＲ線が乗り放題です。
◎年齢制限はありません。◎１枚で
5回分使えるきっぷが11,500円。
◎JRの普通列車・快速列車の普通車自由席と宮島航路に乗ることができます。ただし津軽海峡線木古内〜蟹田間及び石勝線新得〜新夕張間内の駅相互発着の場合に限り、特急列車の普通車自由席に乗車できます。当該区間をまたがって乗車する場合は乗車全区間の特急券・乗車券が必要です。◎1回分の有効期間は乗車当日限りです。夜行列車など、翌日にまたがる列車にご乗車の場合は0時を過ぎて最初に停車する駅まで有効です。◎全員が同一行程で旅行する場合に限り、グループで使用できます。◎お求めはJRの主な駅、駅の旅行センター、主な旅行会社までどうぞ。
◎発売期間：平成15年2月20日から3月31日まで
◎利用期間：平成15年3月1日から4月10日まで
この旅が、いまの僕である。

sccd　大島征夫　Yukio Oshima
cd + ad　込山富秀　Tomihide Komiyama
ad + d　畑野憲一　Kenichi Hatano
c　山田のりこ　Noriko Yamada
p　真島満秀写真事務所　Mitsuhide Mashima Photo Office

二〇〇三年　夏

北上線

ゆだ錦秋湖～ほっとゆだ駅

錦秋湖の赤い鉄橋を渡ると間もなく、ほっとゆだ駅に着く。

旅情とはいつもの場所から遠ければ遠いほど深まるものだ。またその旅先がいつもと違うほど旅情を感じるのだ。その点で、交通機関のスピードアップは旅情を深めるには寄与しない。現在においては旅情は旅の楽しさにつながり、その昔は不安と寂しさを伴ったものだったに違いない。

そんな理屈を法則のようなものにしてみた。

コピーは大学で数学を専攻していた籠島さんだ。

現場から最終の新幹線で東京の自宅に戻って風呂の脱衣所で驚いた。背中とあごに小豆大に太ったヤマダニが食いついて足だけモゾモゾしていた。

青春18きっぷ
◎全国のJR線が乗り放題です。
◎年齢制限はありません。◎1枚で5回分使えるきっぷが11,500円。
◎JRの普通列車・快速列車の普通車自由席と宮島航路に乗ることができます。ただし津軽海峡線木古内〜蟹田間及び石勝線新得〜新夕張間内の駅相互発着の場合に限り、特急列車の普通車自由席に乗車できます。当該区間をまたがって乗車する場合は乗車全区間の特急券・乗車券が必要です。◎1回分の有効期間は乗車当日限りです。夜行列車など、翌日にまたがる列車にご乗車の場合は0時を過ぎて最初に停車する駅まで有効です。◎全員が同一行程で旅行する場合に限り、グループで使用できます。◎お求めはJRの主な駅、駅の旅行センター、主な旅行会社までどうぞ。
◎発売期間：平成15年7月1日から8月31日まで
◎利用期間：平成15年7月20日から9月10日まで
$E=(km)^2$
旅の楽しさ(Enjoy)は、距離(km)の2乗に比例する。

scd　大島征夫　Yukio Oshima
cd＋ad　込山富秀　Tomihide Komiyama
ad　畑野憲一　Kenichi Hatano
d　酒井海弓美　Ayumi Sakai
c　籠島康治　Koji Kagoshima
p　真島満秀写真事務所　Mitsuhide Mashima Photo Office

二〇〇三年 冬

紀勢本線

相賀〜尾《お》鷲《わせ》駅

陽が沈んでいくぎりぎりの時間は風景がとても奇麗に見える。

だけど、光の量が少ないと列車が流れてしまってちゃんと写らない。

この二つを両立させるのは案外難しい。一番いい瞬間をフィルムに収めるため早朝と夕方に撮影に臨んだ。

撮影地は相賀の町と白石湖を望む山の上。向かう途中に熊野古道があって立ち寄ってみた。

青春18きっぷは今の時代のゆっくり旅だが、昔の旅はどんなであっただろう。

木立のなかに続く古い石畳を見てふと思った。


（アートディレクター畑野憲一）

JR
JR GROUP
$I = t人^2$
旅の印象(Impression)は、時間(time)と出会った人々に比例する。
◎全国のJR線が乗り放題です。
◎年齢制限はありません。◎1枚で
5回分使えるきっぷが11,500円。
◎JRの普通列車・快速列車の普通車自由席と宮島航路に乗ることができます。ただし津軽海峡線木古内～蟹田間及び石勝線新得～新夕張間内の駅相互発着の場合に限り、特急列車の普通車自由席に乗車できます。当該区間をまたがって乗車する場合は乗車全区間の特急券・乗車券が必要です。◎1回分の有効期間は乗車当日限りです。夜行列車など、翌日にまたがる列車にご乗車の場合は0時を過ぎて最初に停車する駅まで有効です。◎全員が同一行程で旅行する場合に限り、グループで使用できます。◎お求めはJRの主な駅、駅の旅行センター、主な旅行会社までどうぞ。
◎発売期間：平成15年12月1日～平成16年1月10日
◎利用期間：平成15年12月10日～平成16年1月20日
青春18きっぷ

scd　大島征夫　Yukio Oshima
cd + ad　込山富秀　Tomihide Komiyama
ad　畑野憲一　Kenichi Hatano
d　酒井海弓美　Ayumi Sakai
c　籠島康治　Koji Kagoshima
p　真島満秀写真事務所　Mitsuhide Mashima Photo Office

二〇〇四年　春

呉線

須波駅

撮影地の山の上には始発列車の前に到着。
町は真っ暗だけど須波駅や列車の窓あかりは目立っている。この距離と光量では列車をきちんと止めて撮影はできない。
フィルムでは列車は動いた分だけ光の流れになって写る。だがこれが反って、この町の一日の動き始まりを象徴している。正月明けだったのでまさに初日の出を撮影しているようだ。
カメラを並べて、風景を見つめている顔に朝日が射してきた瞬間、みんなすごくいい表情をしていた。

（アートディレクター畑野憲一）

日の出の瞬間を待つ撮影スタッフ。

青春18きっぷ
◎全国のＪＲ線が乗り放題です。
◎年齢制限はありません。◎１枚で
５回分使えるきっぷが11,500円。
◎JRの普通列車・快速列車の普通車自由席と宮島航路に乗ることができます。ただし津軽海峡線木古内〜蟹田間及び石勝線新得〜新夕張間内の駅相互発着の場合に限り、特急列車の普通車自由席に乗車できます。当該区間をまたがって乗車する場合は乗車全区間の特急券・乗車券が必要です。他会社線〈3月13日開業の「肥薩おれんじ鉄道」含む〉をご利用の場合は、別に運賃・料金が必要です。◎1回分の有効期間は乗車当日限りです。夜行列車など、翌日にまたがる列車にご乗車の場合は0時を過ぎて最初に停車する駅まで有効です。◎全員が同一行程で旅行する場合に限り、グループで使用できます。◎お求めはJRの主な駅、駅の旅行センター、主な旅行会社までどうぞ。
◎発売期間：平成16年2月20日から3月31日まで
◎利用期間：平成16年3月1日から4月10日まで
√a = 18
旅路(ルート)のなかでは、人はいつも18(age)である。

scd　大島征夫　Yukio Oshima
cd + ad　込山富秀　Tomihide Komiyama
ad　畑野憲一　Kenichi Hatano
d　酒井海弓美　Ayumi Sakai
c　籠島康治　Koji Kagoshima
p　真島満秀写真事務所　Mitsuhide Mashima Photo Office

二〇〇四年　夏

肥薩線

大《お》畑《こば》駅

カメラ位置は大畑駅のループ線とスイッチバックを望む山の上。

撮影地は草むらをかき分けて少し進んだ場所。スズメバチがビュンビュン飛んでいてちょっと怖い。

日中はかなり暑くて水分をだいぶ奪われたが、人吉での夕食の餃子とビールのあまりの美味しさに助けられて撮影中連日通った。

ロケハンと本番と2回撮影したが、天候の良いロケハン時のものを最終的に使用。風景撮影はこういうケースがあるので常に気が抜けない。カメラマンは真島事務所の一期生米屋こうじさんだった。


（アートディレクター畑野憲一）

このあたりの名物「思いつきの店」の餃子、もう一度食べたかった。今は閉店。

JR-GROUP
始
この旅が終わると、次の私が始まる。
◎全国のJR線が乗り放題です。
◎年齢制限はありません。◎1枚で
5回分使えるきっぷが11,500円。
◎JRの普通列車・快速列車の普通車自由席と宮島航路に乗ることができます。ただし津軽海峡線木古内～蟹田間及び石勝線新得～新夕張間内の駅相互発着の場合に限り、特急列車の普通車自由席に乗車できます。当該区間をまたがって乗車する場合は乗車全区間の特急券・乗車券が必要です。他会社線をご利用の場合は、別に運賃・料金が必要です。◎1回分の有効期間は乗車当日限りです。夜行列車など、翌日にまたがる列車にご乗車の場合は0時を過ぎて最初に停車する駅まで有効です。◎全員が同一行程で旅行する場合に限り、グループで使用できます。◎お求めはJRの主な駅、駅の旅行センター、主な旅行会社までどうぞ。
◎発売期間：平成16年7月1日から8月31日まで
◎利用期間：平成16年7月20日から9月10日まで
青春18きっぷ

scd　大島征夫　Yukio Oshima
cd　込山富秀　Tomihide Komiyama
ad　畑野憲一　Kenichi Hatano
d　酒井海弓美　Ayumi Sakai
c　山田のりこ　Noriko Yamada
p　米屋こうじ　Koji Yoneya

二〇〇四年　冬

参宮線

五十鈴ケ丘〜二見浦駅

なかよく並んで天気待ち。

日の出前に撮影地に着いて、夕暮れまでずっと鉄橋と空と海を見つめていた。晩秋なので手前の桜の枝も冬支度中。春に訪れたら華やかな場所だろうと想像してみる。

でも、この季節の静かな空と海のグラデーションもなかなか美しいと思う。浮世絵のような構図でもある。潮が引くと干潟になるので干満のタイミングを調べて撮影日を決めた。

日の出直前の冷えた体を暖めるために現地にころがっていたサッカーボールでパス回しをしていた。

（アートディレクター畑野憲一）

青春18きっぷ
◎全国のJR線が乗り放題です。
◎年齢制限はありません。◎1枚で
5回分使えるきっぷが11,500円。
◎JRの普通列車・快速列車の普通車自由席と宮島航路に乗ることができます。ただし津軽海峡線木古内～蟹田間及び石勝線新得～新夕張間内の駅相互発着の場合に限り、特急列車の普通車自由席に乗車できます。当該区間をまたがって乗車する場合は乗車全区間の特急券・乗車券が必要です。他会社線をご利用の場合は、別に運賃・料金が必要です。◎1回分の有効期間は乗車当日限りです。夜行列車など、翌日にまたがる列車にご乗車の場合は0時を過ぎて最初に停車する駅まで有効です。◎全員が同一行程で旅行する場合に限り、グループで使用できます。◎ご旅行の際は最新の運行情報をお確かめください。◎お求めはJRの主な駅、駅の旅行センター、主な旅行会社までどうぞ。
◎発売期間：平成16年12月1日から平成17年1月10日まで
◎利用期間：平成16年12月10日から平成17年1月20日まで
会
出かけなければ、決して会えないのだ。

scd 大島征夫 Yukio Oshima
cd 込山富秀 Tomihide Komiyama
ad 畑野憲一 Kenichi Hatano
d 酒井海弓美 Ayumi Sakai
c 山田のりこ Noriko Yamada
p 真島満秀写真事務所 Mitsuhide Mashima Photo Office

二〇〇五年　春

釧網本線

浜小清水〜止別駅

遠くに霞んで見えるのは知床連峰、オホーツクの海岸の砂山の上から小さな鉄橋を渡るキハ40系を狙った。

この時期春はまだまだ遠く、手前の花は東京から持って行った。

海岸線を見ると海に向かって細かなヒゲのような線が何キロにもわたって生えていた。近くにいくとそれは北海道中？から集まった釣り人の竿だった。

産卵で岸に集まった巨大なサケが面白いように釣れていた。釣り人たちはみないい顔をしていた。狩猟本能が満たされると人はこんなにいい顔をするのか、さすが北海道、スケールが違う。

漁師小屋に向かう途中、人だけが通れそうな素朴な踏切があった。

青春18きっぷ
◎全国のＪＲ線が乗り放題です。
◎年齢制限はありません。◎１枚で
5回分使えるきっぷが11,500円。
◎JRの普通列車・快速列車の普通車自由席と宮島航路に乗ることができます。ただし津軽海峡線木古内〜蟹田間及び石勝線新得〜新夕張間内の駅相互発着の場合に限り、特急列車の普通車自由席に乗車できます。当該区間をまたがって乗車する場合は乗車全区間の特急券・乗車券が必要です。他会社線をご利用の場合は、別に運賃・料金が必要です。◎1回分の有効期間は乗車当日限りです。夜行列車など、翌日にまたがる列車にご乗車の場合は0時を過ぎて最初に停車する駅まで有効です。◎全員が同一行程で旅行する場合に限り、グループで使用できます。◎下記の連絡先へお申し込みいただくと、JRホテルグループのホテル宿泊料の割引サービス等が受けられます。【JRホテルグループ東京予約センター】03-3216-0489(9:30〜18:00土日・祝日休業)◎お求めはJRの主な駅、駅の旅行センター、主な旅行会社までどうぞ。
◎発売期間：平成17年2月20日から3月31日まで
◎利用期間：平成17年3月1日から4月10日まで
再
懐かしい友達に再会するような、そんな旅でした。

scd　大島征夫　Yukio Oshima
cd + ad　込山富秀　Tomihide Komiyama
d　酒井海弓美　Ayumi Sakai
c　山田のりこ　Noriko Yamada
p　真島満秀写真事務所　Mitsuhide Mashima Photo Office

二〇〇五年　夏

予讃線

串〜喜多灘駅

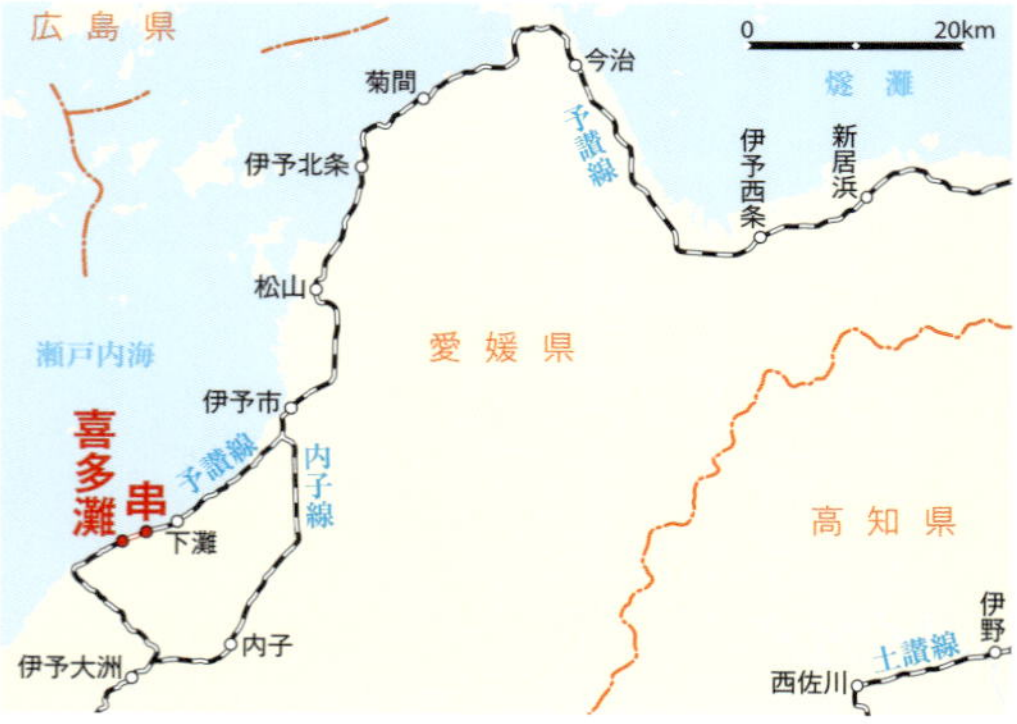

地中海のような瀬戸内海をバックにポーズをとるカメラマン猪井さん。

こどもの頃、海の近くに住んでいた。海の色は、季節やその日の天気によって、毎日ちがった。今でも、海沿いを走る列車に乗ると、懐かしいようないろんな思いに浸ってしまう。人それぞれ、「あの頃」の青があるのではないか。もちろん海の色だけでなく、青春という、青い時代も含めて。

このポスターに人はいない。でも、この電車の中には必ずこの旅の主人公が乗っている。だからこそ、10文字前後の短いコピーの中に旅人の思いを込めようともがいた一年間だった。いつもより、ぱらりと文字間隔をあけたコピーのレイアウトは、不思議とコピー心情の余白の部分まで表現してあるように感じられ、嬉しかった。

（コピーライター山田のりこ）

青春18きっぷ
◎全国のJR線が乗り放題です。
◎年齢制限はありません。◎1枚で5回分使えるきっぷが11,500円。
◎JRの普通列車・快速列車の普通車自由席と宮島航路に乗ることができます。ただし津軽海峡線木古内～蟹田間及び石勝線新得～新夕張間内の駅相互発着の場合に限り、特急列車の普通車自由席に乗車できます。当該区間をまたがって乗車する場合は乗車全区間の乗車券・特急券が必要です。他会社線をご利用の場合は、別に運賃・料金が必要です。◎1回分の有効期間は乗車当日限りです。夜行列車など、翌日にまたがる列車にご乗車の場合は0時を過ぎて最初に停車する駅まで有効です。◎全員が同一行程で旅行する場合に限り、グループで使用できます。◎下記の連絡先へお申し込みいただくと、JRホテルグループのホテル宿泊料の割引サービス等が受けられます。【JRホテルグループ東京予約センター】03-3216-0489（9:30～18:00土日・祝日は休み）◎お求めはJRの主な駅、駅の旅行センター、主な旅行会社までどうぞ。
◎発売期間：平成17年7月1日から8月31日まで
◎利用期間：平成17年7月20日から9月10日まで
あの頃の青を探して。

scd　大島征夫　Yukio Oshima
cd + ad　込山富秀　Tomihide Komiyama
d　酒井海弓美　Ayumi Sakai
c　山田のりこ　Noriko Yamada
p　真島満秀写真事務所　Mitsuhide Mashima Photo Office

二〇〇五年　冬

飯山線

上境〜上桑名川駅

旅先の列車の車中、トンネルから出た瞬間、突然視界が鮮やかな新緑や、真っ青な海、まぶしく光る雪の白、で覆われた瞬間に出会うことがある。肉眼の露出が付いていかず、その映像は幻想的で印象が深い。

この年の企画は色にも旅情があるのではと考えたしだい。冬の白一色の雪景色を撮るため豪雪地帯の飯山線が選ばれた。

プレゼンで企画がようやく了承され猪井さんにゴーサインの連絡を入れると、彼はすでに飯山線で撮影していた。ロケハン時はまとまった降雪がなく今シーズンはもう降らないのではという心配のさなか、しっかりモノにして戻られた。飯山線のこのシーズン最後のドカ雪の一枚だった。

青春18きっぷ
◎全国のＪＲ線が乗り放題です。
◎年齢制限はありません。◎１枚で5回分使えるきっぷが11,500円。
◎JRの普通列車・快速列車の普通車自由席と宮島航路に乗ることができます。ただし津軽海峡線木古内～蟹田間及び石勝線新得～新夕張間内の駅相互発着の場合に限り、特急列車の普通車自由席に乗車できます。当該区間をまたがって乗車する場合は乗車全区間の乗車券・特急券が必要です。他会社線をご利用の場合は、別に運賃・料金が必要です。◎1回分の有効期間は乗車当日限りです。夜行列車など、翌日にまたがる列車にご乗車の場合は0時を過ぎて最初に停車する駅まで有効です。◎全員が同一行程で旅行する場合に限り、グループで使用できます。◎下記の連絡先へお申し込みいただくと、JRホテルグループのホテル宿泊料の割引サービス等が受けられます。【JRホテルグループ東京予約センター】03-3216-0489（9:30～18:00 土日・祝日は休み）◎お求めはJRの主な駅、駅の旅行センター、主な旅行会社までどうぞ。
◎発売期間：平成17年12月１日から平成18年1月10日
◎利用期間：平成17年12月10日から平成18年1月20日
JR
旅は、真っ白な画用紙だ。

scd　大島征夫　Yukio Oshima
cd＋ad　込山富秀　Tomihide Komiyama
d　酒井海弓美　Ayumi Sakai
c　山田のりこ　Noriko Yamada
p　真島満秀写真事務所　Mitsuhide Mashima Photo Office

二〇〇六年　春

木次線

出雲坂根駅付近

春の緑を探す旅。木次線のスイッチバックは新緑の中を行ったり来たりする。ポスター全面が緑の世界で覆われて、尚かつ、列車と3本の線路をうまく配置できるカメラ位置を探るのは思ったより苦労した。

遠くの山が白く霞まず、列車や線路が影に入らないのは一日のうちでもわずかな時間だった。

延命水という湧き水があり、そのまま飲んでもすごく美味しいのだが、列車が来るのを待ちながら沸かして飲んだ珈琲の味は格別だった。


（アートディレクター畑野憲一）

ロケハン2月の全景。

青春18きっぷ
◎全国のＪＲ線が乗り放題です。
◎年齢制限はありません。◎１枚で
5回分使えるきっぷが11,500円。
◎JRの普通列車・快速列車の普通車自由席と宮島航路に乗ることができます。ただし津軽海峡線木古内〜蟹田間及び石勝線新得〜新夕張間内の駅相互発着の場合に限り、特急列車の普通車自由席に乗車できます。当該区間をまたがって乗車する場合は乗車全区間の乗車券・特急券が必要です。他会社線をご利用の場合は、別に運賃・料金が必要です。◎1回分の有効期間は乗車当日限りです。夜行列車など、翌日にまたがる列車にご乗車の場合は0時を過ぎて最初に停車する駅まで有効です。◎全員が同一行程で旅行する場合に限り、グループで使用できます。◎下記の連絡先へお申し込みいただくと、JRホテルグループのホテル宿泊料の割引サービス等が受けられます。【JRホテルグループ東京予約センター】03-3216-0489（9:30〜18:00土日・祝日は休み）◎お求めはJRの主な駅、駅の旅行センター、主な旅行会社までどうぞ。
◎発売期間：平成18年２月20日から平成18年３月31日
◎利用期間：平成18年３月１日から平成18年４月10日
緑も、空気も、私も、あたらしく。

scd　大島征夫　Yukio Oshima
cd　込山富秀　Tomihide Komiyama
ad　畑野憲一　Kenichi Hatano
d　酒井海弓美　Ayumi Sakai
c　山田のりこ　Noriko Yamada

p　真島満秀写真事務所　Mitsuhide Mashima Photo Office

二〇〇六年　夏

参宮線

(臨)池の浦シーサイド〜鳥羽駅

海の中に線路だけが走る「海中築堤」は、日本でもここだけらしい。

青い世界を表現しようと全面海の構図に。その中で車両の存在を目立たせるには光があたる朝か夕方がベスト。だが、太陽の角度や風や潮の流れによって海の色は一日中変化し続けるから、どれが一番良いのかはなかなか決められない。なので、一日中現場に。撮影隊は台風の大雨の中、東京を出発。撮影当日は予想どおり台風一過で晴れてきたのだがとにかく風が強かった。ジーンズの膝の穴から風が入ってきてスースー。真島さんが「最近破れているのが流行っているのだね！」

(アートディレクター畑野憲一)

*　*

この年のポスターのビジュアルテーマは色だ。だったらコピーのテーマは「五感で感じる旅」にしようと思った。このポスターは、もちろん、この「青」につきる。生まれたての新鮮な夏を、思いっきり楽しんでほしいな。そんな思いが伝われば嬉しい。

(コピーライター山田のりこ)

青春18きっぷ
◎全国のJR線が乗り放題です。
◎年齢制限はありません。◎1枚で
5回分使えるきっぷが11,500円。
◎JRの普通列車・快速列車の普通車自由席と宮島航路に乗ることができます。ただし津軽海峡線木古内〜蟹田間及び石勝線新得〜新夕張間内の駅相互発着の場合に限り、特急列車の普通車自由席に乗車できます。当該区間をまたがって乗車する場合は乗車全区間の乗車券・特急券が必要です。他会社線をご利用の場合は、別に運賃・料金が必要です。◎1回分の有効期間は乗車当日限りです。夜行列車など、翌日にまたがる列車にご乗車の場合は0時を過ぎて最初に停車する駅まで有効です。◎全員が同一行程で旅行する場合に限り、グループで使用できます。◎下記の連絡先へお申し込みいただくと、JRホテルグループのホテル宿泊料の割引サービス等が受けられます。【JRホテルグループ東京予約センター】03-3216-0489(9:30〜18:00土日・祝日は休み)◎お求めはJRの主な駅、駅の旅行センター、主な旅行会社までどうぞ。
◎発売期間：平成18年7月1日から平成18年8月31日
◎利用期間：平成18年7月20日から平成18年9月10日
JR GROUP
この夏の新色です。

scd　大島征夫　Yukio Oshima
cd　込山富秀　Tomihide Komiyama
ad　畑野憲一　Kenichi Hatano
d　酒井海弓美　Ayumi Sakai
c　山田のりこ　Noriko Yamada

p　真島満秀写真事務所　Mitsuhide Mashima Photo Office

二〇〇六年　冬

富良野線

美馬牛〜上富良野駅

撮影地へ向かうために小高い丘を登っていく。雪の白さがすごく眩しい。足が埋まらないようにカンジキを履いて踏みしめた雪の感触がすごく記憶に残っている。

この時期の富良野線はなかなか晴れてくれない。撮影アングルを決めて天候が回復しないまま僕はすべてを託してロケ場所を離れたが、撮影部隊はその後1週間ずっと雪の丘に通って待ちつづけた。

美瑛の居酒屋をすべて制して、車のエンジントラブルを乗り越え、一瞬の晴れ間を逃さないでシャッターを切った、まさに魂の写真だ。

（アートディレクター畑野憲一）

なれないカンジキを履くデザイナーの酒井さん。

青春18きっぷ
◎全国のJR線が乗り放題です。
◎年齢制限はありません。◎1枚で5回分使えるきっぷが11,500円。
◎JRの普通列車・快速列車の普通車自由席と宮島航路に乗ることができます。ただし津軽海峡線木古内～蟹田間及び石勝線新得～新夕張間内の駅相互発着の場合に限り、特急列車の普通車自由席に乗車できます。当該区間をまたがって乗車する場合は乗車全区間の乗車券・特急券が必要です。他会社線をご利用の場合は、別に運賃・料金が必要です。◎1回分の有効期間は乗車当日限りです。夜行列車など、翌日にまたがる列車にご乗車の場合は0時を過ぎて最初に停車する駅まで有効です。◎全員が同一行程で旅行する場合に限り、グループで使用できます。◎下記の連絡先へお申し込みいただくと、JRホテルグループのホテル宿泊料の割引サービス等が受けられます。【JRホテルグループ東京予約センター】03-3216-0489(9:30～18:00土日・祝日は休み) ◎お求めはJRの主な駅、駅の旅行センター、主な旅行会社までどうぞ。
◎発売期間：平成18年12月1日から平成19年1月10日
◎利用期間：平成18年12月10日から平成19年1月20日
余計な音は、ありません。

scd　大島征夫　Yukio Oshima
cd　込山富秀　Tomihide Komiyama
ad　畑野憲一　Kenichi Hatano
d　酒井海弓美　Ayumi Sakai
c　山田のりこ　Noriko Yamada
p　真島満秀写真事務所　Mitsuhide Mashima Photo Office

二〇〇七年　春

指宿枕崎線

薩摩川尻〜東開聞駅

見渡す限りの菜の花畑を求めて、春は指宿枕崎線になった。

実際に現地に行ってみると見渡す限りとまではいかず、年々菜の花の作付面積は減っているようである。

この写真のように見えるのはピンポイントしかなかった。菜の花畑のなかに一日中いると、強烈な匂いと鮮やかな黄色で頭がしびれたような感じになった事を覚えている。

小川の土手で大の字になると頭上でひばりがさえずっていた。

開聞岳を望む砂蒸し風呂が近くの浜にあります。

JR
JR発足20周年
青春18きっぷ
この春だけの、8,000円
◎全国のＪＲ線が乗り放題です。
◎もちろん年齢制限はありません。
◎１枚で５回分使えるきっぷです。
◎JRの普通列車・快速列車の普通車自由席と宮島航路に乗ることができます。ただし津軽海峡線木古内〜蟹田間及び石勝線新得〜新夕張間内の駅相互発着の場合に限り、特急列車の普通車自由席に乗車できます。当該区間をまたがって乗車する場合は乗車全区間の乗車券・特急券が必要です。他会社線をご利用の場合は、別に運賃・料金が必要です。◎1回分の有効期間は乗車当日限りです。夜行列車など、翌日にまたがる列車にご乗車の場合は0時を過ぎて最初に停車する駅まで有効です。◎全員が同一行程で旅行する場合に限り、グループで使用できます。◎下記の連絡先へお申し込みいただくと、JRホテルグループのホテル宿泊料の割引サービス等が受けられます。【JRホテルグループ東京予約センター】03-3216-0489（9:30〜18:00土日・祝日は休み）◎お求めはJRの主な駅、駅の旅行センター、主な旅行会社までどうぞ。
◎発売期間：平成19年2月20日から平成19年3月31日
◎利用期間：平成19年3月 1 日から平成19年4月10日
窓を開けると、
列車の中まで春になった。
20
2007年４月、ＪＲグループは発足20周年を迎えます。
この春限定、青春18きっぷが8,000円

scd　大島征夫　Yukio Oshima
cd＋ad　込山富秀　Tomihide Komiyama
d　酒井海弓美　Ayumi Sakai
c　山田のりこ　Noriko Yamada
p　真島満秀写真事務所　Mitsuhide Mashima Photo Office

二〇〇七年　夏

北上線

ゆだ錦秋湖〜ほっとゆだ駅

青春18きっぷは年齢制限がない。これだけ有名な切符になっても未だにご存じない方も多いのはこのネーミングの宿命だ。

この年は、〝年齢制限がない〟をテーマとした。

カメラは大きな川を渡る橋の歩道上にあり、意外に交通量が多いので車の振動に悩まされた。

湖面を時折渡る風が、細かな水紋を作ってみせる。夏の通り雨のようにも思えるそのカットを選び、夏の早朝の涼しげな風情を狙ってみた。

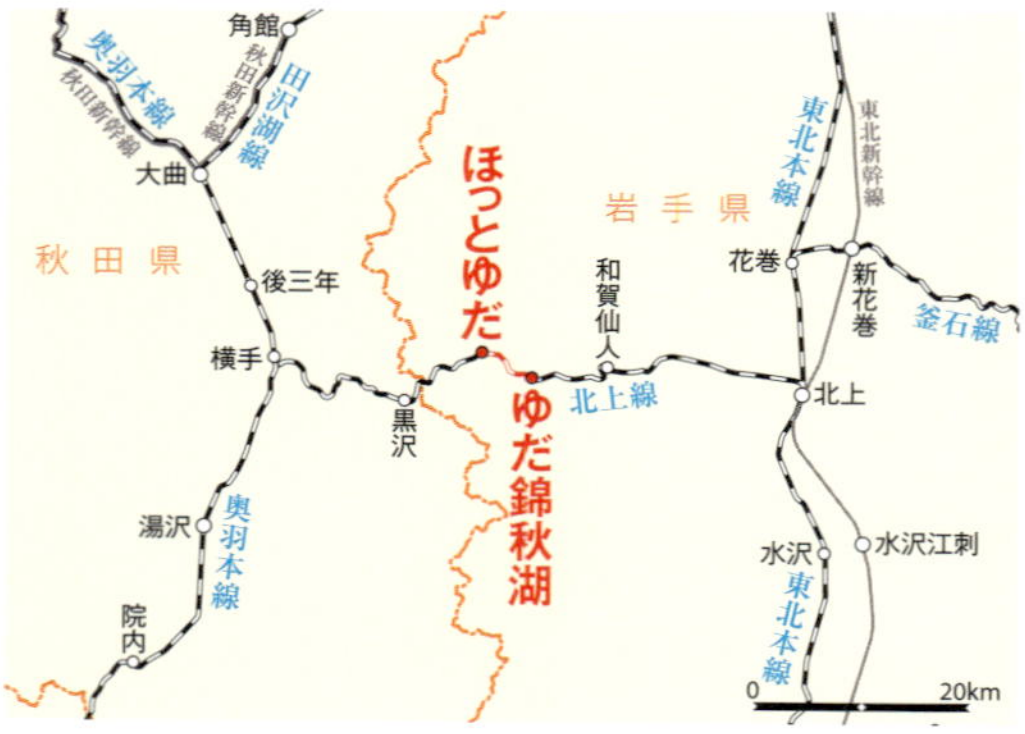

どう見ても、駅というより温泉、ほっとゆだ駅。浴室には、信号機を使った気の利いた仕掛けがあった。

青春18きっぷ
◎全国のJR線が乗り放題です。
◎年齢制限はありません。◎1枚で5回分使えるきっぷが11,500円。
◎JRの普通列車・快速列車の普通車自由席と宮島航路に乗ることができます。ただし津軽海峡線木古内～蟹田間及び石勝線新得～新夕張間内の駅相互発着の場合に限り、特急列車の普通車自由席に乗車できます。当該区間をまたがって乗車する場合は乗車全区間の乗車券・特急券が必要です。他会社線をご利用の場合は、別に運賃・料金が必要です。◎1回分の有効期間は乗車当日限りです。夜行列車など、翌日にまたがる列車にご乗車の場合は0時を過ぎて最初に停車する駅まで有効です。◎全員が同一行程で旅行する場合に限り、グループで使用できます。◎下記の連絡先へお申し込みいただくと、JRホテルグループのホテル宿泊料の割引サービス等が受けられます。【JRホテルグループ東京予約センター】03-3216-0489（9:30～18:00土日・休日は休み）◎お求めはJRの主な駅、駅の旅行センター、主な旅行会社までどうぞ。※快速「ムーンライトながら」は、「下り」東京～豊橋間全車指定席、「上り」大垣～東京の全区間、全車指定席です。
◎発売期間：平成19年7月1日から平成19年8月31日
◎利用期間：平成19年7月20日から平成19年9月10日
初めてに、年齢制限はありません。

scd　大島征夫　Yukio Oshima
cd + ad　込山富秀　Tomihide Komiyama
d　酒井海弓美　Ayumi Sakai
c　山田のりこ　Noriko Yamada
p　真島満秀写真事務所　Mitsuhide Mashima Photo Office

二〇〇七年　冬

氷見線

越中国分〜雨《あま》晴《はらし》駅

富山湾越しの立山連峰撮影の名所として有名な雨晴海岸、その脇に雨晴駅がある。真冬でないとなかなか出会えない立山。まだ10月に入ったばかりなので重い足取りで現地に出向いた。

海岸からせり出した石組みの桟橋のようなところから三脚と人間の足を海水に濡らしながら撮影。右手の山沿いにキハ40系が緩くカーブしながら雨晴駅に向かってくる。

車体は深めのマルーン（栗色）なのであまり目立たない。前照灯の光と車体の側面は海からの明かりの反射を受ければ、列車はなんとか目立ちそうだ。

最終日、風が出て来て待ち望んだ立山が見えてきた。稜線直下に横に細く伸びた雲がしばらく張り付いていた。雲が動いて山肌を見るとうっすら白くなっていた。初冠雪だったのか。

満ち潮になるとカメラの足も人の足もどっぷり海水に浸かった。

青春18きっぷ
◎全国のJR線が乗り放題です。
◎年齢制限はありません。◎1枚で5回分使えるきっぷが11,500円。
◎JRの普通列車・快速列車の普通車自由席と宮島航路に乗ることができます。ただし津軽海峡線木古内～蟹田間及び石勝線新得～新夕張間内の駅相互発着の場合に限り、特急列車の普通車自由席に乗車できます。当該区間外にまたがって乗車する場合は乗車全区間の乗車券・特急券が必要です。旅客鉄道会社線(JR線)以外の会社線をご利用の場合は、別にその会社線に有効な乗車券類が必要です。◎1枚のきっぷで5回利用でき、1回あたりの有効期間は1日です。夜行列車など、翌日にまたがる列車にご乗車の場合は0時を過ぎて最初に停車する駅まで有効です。(東京・大阪地区の電車特定区間内では最終電車まで有効です。) ◎全員が同一行程で旅行する場合に限り、1枚のきっぷで5人まで利用できます。◎"青春18きっぷ"利用日にチェックインする場合に限り、下記の連絡先へお申し込みいただくと、JRホテルグループのホテル宿泊料の割引サービス等が受けられます。
【JRホテルグループ東京予約センター】03-3216-0489(9:30～18:00土日・休日は休み)
◎お求めはJRの主な駅、駅の旅行センター、主な旅行会社までどうぞ。※快速「ムーンライトながら」は、「下り」東京～豊橋間全車指定席、「上り」大垣～東京間全車指定席です。
◎発売期間：平成19年12月1日から平成20年1月10日
◎利用期間：平成19年12月10日から平成20年1月20日
冒険に、年齢制限はありません。

scd 大島征夫 Yukio Oshima
cd + ad 込山富秀 Tomihide Komiyama
d 酒井海弓美 Ayumi Sakai
c 山田のりこ Noriko Yamada

p 真島満秀写真事務所 Mitsuhide Mashima Photo Office

二〇〇八年　春

瀬戸大橋線

児島〜宇多津駅

この春は、どうしても瀬戸大橋線でと要望があった。

橋の幅は道路で4車線分、鉄道も4線分の上下構造。鉄道は下を走り、おまけにセンターよりの2線を使って走行するため列車は見えづらい。

あらゆる方向から狙ったが列車とこの橋と瀬戸内の景色をうまく生かした絵が撮れる場所は見つからなかった（超望遠で列車を狙う事はできるが、らしくないので却下）。

悩んだあげく、普通に列車を見せるのでなく、見た人が列車を探したくなるポスターにしようと発想を変えてみた。

幸運にも列車の背後に夕日が落ちる季節だった。

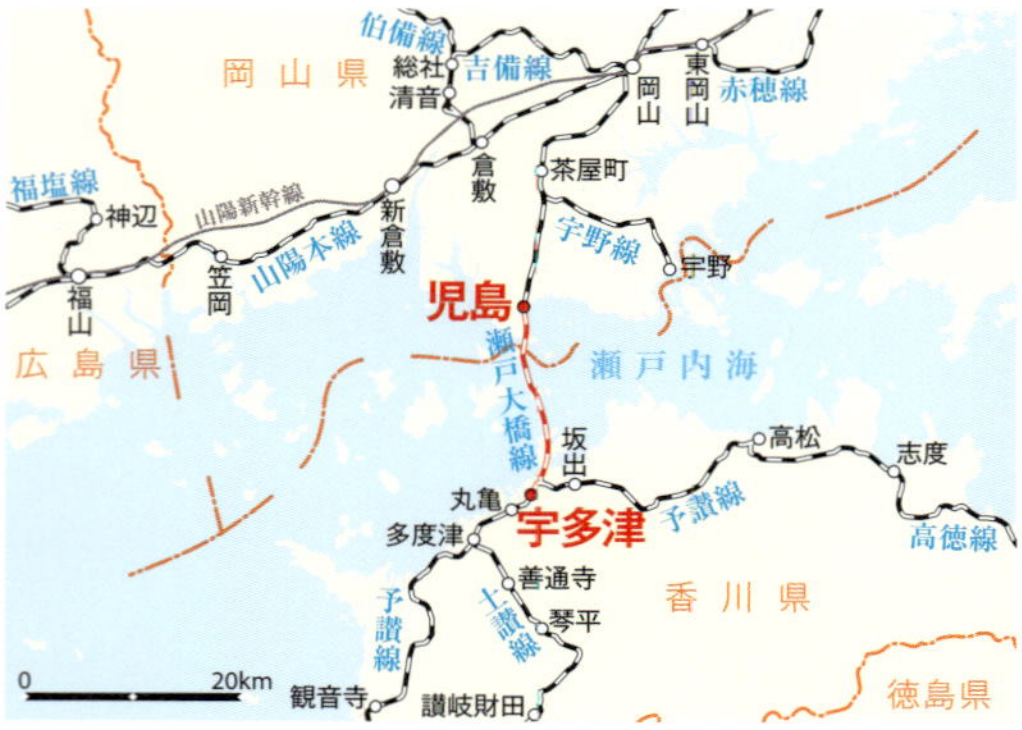

4線分あるうち両脇2線分は未来の四国新幹線のためだという。

JR
JR-GROUP
青春18きっぷ
◎全国のJR線が乗り放題です。
◎年齢制限はありません。◎1枚で5回分使えるきっぷが11,500円。
◎JRの普通列車・快速列車の普通車自由席と宮島航路に乗ることができます。ただし津軽海峡線木古内～蟹田間及び石勝線新得～新夕張間内の駅相互発着の場合に限り、特急列車の普通車自由席に乗車できます。当該区間外にまたがって乗車する場合は乗車全区間の乗車券・特急券が必要です。旅客鉄道会社線（JR線）以外の会社線をご利用の場合は、別にその会社線に有効な乗車券類が必要です。◎1枚のきっぷで5回利用でき、1回あたりの有効期間は1日です。夜行列車など、翌日にまたがる列車にご乗車の場合は0時を過ぎて最初に停車する駅まで有効です。（東京・大阪地区の電車特定区間内では最終電車まで有効です。）◎全員が同一行程で旅行する場合に限り、1枚のきっぷで5人まで利用できます。◎“青春18きっぷ”利用日にチェックインする場合に限り、下記の連絡先へお申し込みいただくと、JRホテルグループのホテル宿泊料の割引サービス等が受けられます。【JRホテルグループ東京予約センター】03-3216-0489（9:30～18:00土日・休日は休み）◎お求めはJRの主な駅、駅の旅行センター、主な旅行会社までどうぞ。※快速「ムーンライトながら」は、「下り」東京～豊橋間全車指定席、「上り」大垣～東京間全車指定席です。
◎発売期間：平成20年2月20日から平成20年3月31日
◎利用期間：平成20年3月1日から平成20年4月10日
出会いに、年齢制限はありません。
瀬戸大橋線　宇多津～児島

scd　大島征夫　Yukio Oshima
cd + ad　込山富秀　Tomihide Komiyama
d　酒井海弓美　Ayumi Sakai
c　山田のりこ　Noriko Yamada
p　真島満秀写真事務所　Mitsuhide Mashima Photo Office

二〇〇八年　夏

室蘭本線

有珠～長和駅

海の向こうの駒ヶ岳をバックに水田の水鏡を疾走する列車を撮りに行った。

水鏡が欲しいので、入稿日をギリギリまで遅らせてロケに出発したのだが、事前情報と違い、3～4日経っても水は張られなかった。

おだやかな内浦湾と遠くの駒ヶ岳もやっと現れ、それをバックに疾走する列車の写真はなんとか撮れたので、カメラマン真島さんと僕は東京に戻った。

JRさんからも承認いただき、校正で上がってきたポスターは悪くはなかった。明日には校了になろうかという夕方、真島さんの弟子の長根さんから「水鏡で撮れました！」と弾んだ声で電話があった。彼は現地で、解散した後も車で寝泊まりしながら1週間もそのまま粘り〝水鏡〟を狙っていたらしい。航空便にも間に合わないため、青函フェリーでの4時間以外はすべて休みなしで車を走らせそのまま新宿の現像所へ直行。2時間の現像を経て無事翌日の午前中に届けてくれた。本当に事故らなくて良かった。

当初の入稿カット。水鏡ではないが、田畑の色合いが実に美しかった。

ゆっくり行くから、
見えてくるもの。
青春18きっぷ
◎全国のJR線が乗り放題です。
◎年齢制限はありません。◎1枚で
5回分使えるきっぷが11,500円。
◎JRの普通列車・快速列車の普通車自由席と宮島航路に乗ることができます。ただし
津軽海峡線木古内～蟹田間及び石勝線新得～新夕張間内の駅相互発着の場合に限り、
特急列車の普通車自由席に乗車できます。当該区間外にまたがって乗車する場合は乗車
全区間の乗車券・特急券が必要です。旅客鉄道会社線（JR線）以外の会社線をご利用の
場合は、別にその会社線に有効な乗車券類が必要です。◎1枚のきっぷで5回利用でき、
1回あたりの有効期間は1日です。夜行列車など、翌日にまたがる列車にご乗車の場合は
0時を過ぎて最初に停車する駅まで有効です。（東京・大阪地区の電車特定区間内では
最終電車まで有効です。）また、乗車中に0時を過ぎてから「青春18きっぷ」を利用
する場合は、0時を過ぎて最初に停車する駅までの乗車券が必要です。なお、併用し
て利用した乗車券は、お乗りにならない区間の営業キロが100キロを超えない場合、
列車の遅延等に関わらず払いもどしいたしません。◎全員が同一行程で旅行する場合
に限り、1枚のきっぷで5人まで利用できます。◎「青春18きっぷ」利用日にチェックインする
場合に限り、下記の連絡先へお申し込みいただくと、JRホテルグループのホテル宿泊料の割引
サービス等が受けられます。【JRホテルグループ東京予約センター】03-3216-0489（9:30～18:00
土日・休日は休み）◎お求めはJRの主な駅、駅の旅行センター、主な旅行会社までどうぞ。※快速
「ムーンライトながら」は、［下り］東京～豊橋間全車指定席、［上り］大垣～東京間全車指定席です。
◎発売期間：平成20年7月1日から平成20年8月31日
◎利用期間：平成20年7月20日から平成20年9月10日

scd　大島征夫　Yukio Oshima
cd ＋ ad　込山富秀　Tomihide Komiyama
d　酒井海弓美　Ayumi Sakai
c　込山富秀　Tomihide Komiyama
p　真島満秀写真事務所　Mitsuhide Mashima Photo Office

二〇〇八年　冬

久大本線

由布院〜南由布駅

湯布院は盆地で霧が計算できる。

霧に霞む列車と由布岳をどうしても撮りたかった。

線路脇には収穫時期が近い稲田があったので、撮影スタッフは早めに現地に入り一日でも早く稲を刈ってくれるよう交渉することに。

レールの右手の稲は刈ってもらったが、左手はかなわなかった（ポスターをよく見ると倒れた稲穂が見て取れます）。

霧は早朝に発生し消え始めると驚くほど早い。

通り過ぎる列車と由布岳の霧のかかり具合がうまくいったのは一カットしかなかった。

霧がないカット。稲穂が美しい。

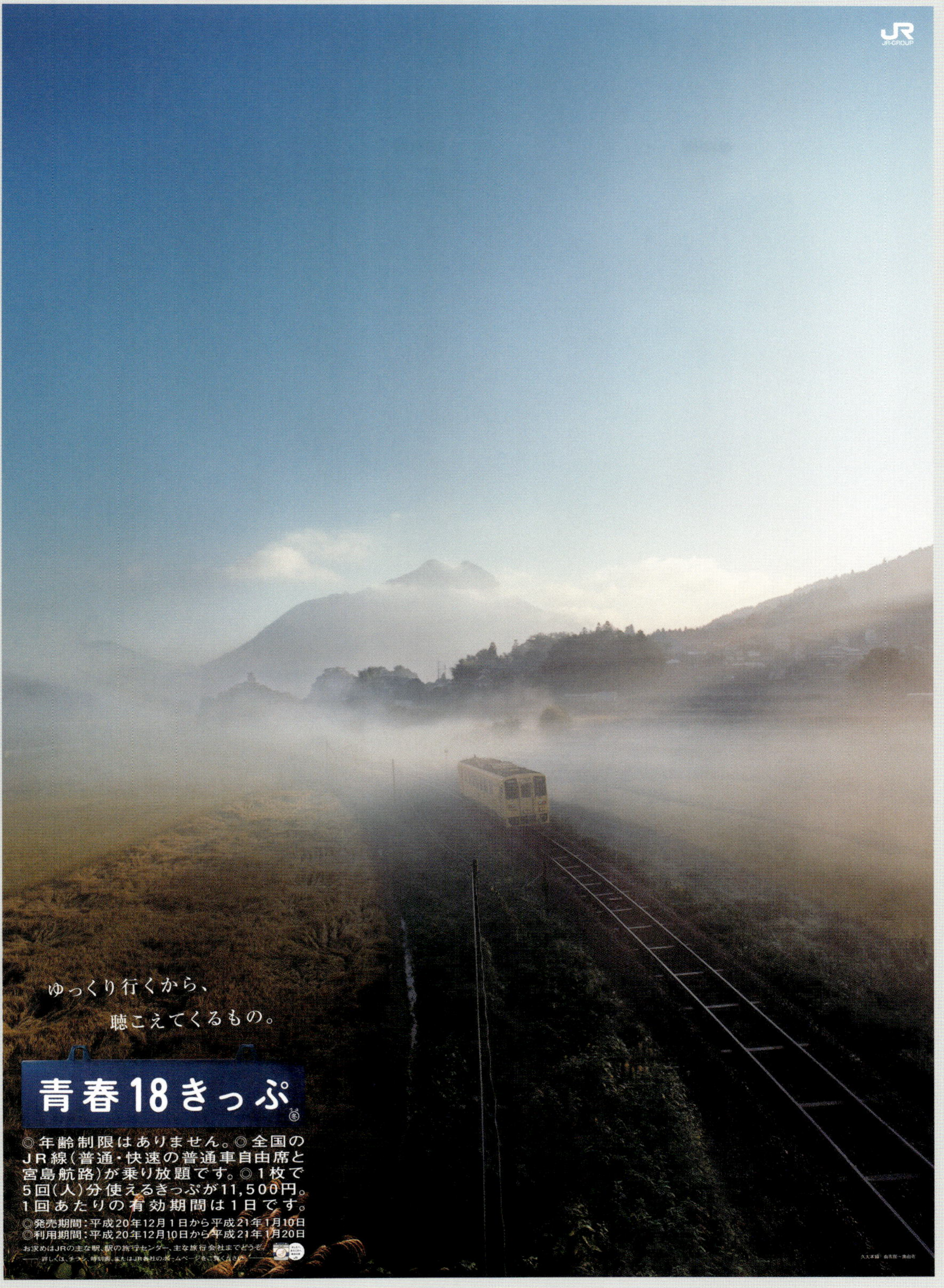

JR
ゆっくり行くから、
聴こえてくるもの。
青春18きっぷ
◎年齢制限はありません。◎全国のJR線（普通・快速の普通車自由席と宮島航路）が乗り放題です。◎1枚で5回（人）分使えるきっぷが11,500円。1回あたりの有効期間は1日です。
◎発売期間：平成20年12月1日から平成21年1月10日
◎利用期間：平成20年12月10日から平成21年1月20日
お求めはJRの主な駅、駅の旅行センター、主な旅行会社までどうぞ。

scd　大島征夫　Yukio Oshima
cd + ad　込山富秀　Tomihide Komiyama
d　酒井海弓美　Ayumi Sakai
c　込山富秀　Tomihide Komiyama
p　真島満秀写真事務所　Mitsuhide Mashima Photo Office

二〇〇九年　春

飯田線

天竜峡〜千代駅

青春18きっぷの発売は紅葉の季節には設定がない。だから紅葉のポスターは一枚もない。

僕は紅葉よりも新緑のほうが好みなので都合はよかった。

この春は飯田線で制作することになった。飯田線といえば伊那谷、中央アルプス、南アルプスに沿って深い渓谷をつくる天竜峡を縫うように走る。すばらしい新緑が狙えそうだ。案内してもらったポイントは伊那谷の山村を上に抜けたところだった、山の木立で天竜川は全く見えなかったが、一ヵ所だけ材木をワイヤーで川までおろすところがあり、そこから下を覗き込むと天竜渓谷が真下に蛇行しているのが見えていた。遠目にすると飯田の町も霞んで見える。一目で気に入ってしまった。

ふと見るとワラビの束を手にしたカメラマン真島さんがニンマリしていた。

長野が故郷の真島さんが撮影した最後の青春18きっぷだった。

真島さんが付近で採ったワラビ。休憩時間はワラビ採りをした。

ゆっくり行くから、
巡り逢えるもの。
青春18きっぷ
◎年齢制限はありません。◎全国のJR線(普通・快速の普通車自由席と宮島航路)が乗り放題です。◎1枚で5回(人)分使えるきっぷが11,500円。1回あたりの有効期間は1日です。
◎発売期間：平成21年2月20日から平成21年3月31日
◎利用期間：平成21年3月1日から平成21年4月10日
お求めはJRの主な駅、駅の旅行センター、主な旅行会社までどうぞ。
詳しくはチラシ、時刻表、またはJR各社のホームページをご覧ください。

scd　大島征夫　Yukio Oshima
cd + ad　込山富秀　Tomihide Komiyama
d　酒井海弓美　Ayumi Sakai
c　込山富秀　Tomihide Komiyama
p　真島満秀写真事務所　Mitsuhide Mashima Photo Office

二〇〇九年　夏

山口線

篠目駅

青春18きっぷは3つのシーズンにかかる季節商品である。心待ちにしてくれているファンも多いし、駅でポスターを見かけて旅の季節到来に気付いてもらう機能もある。

ただ、発売の時期と利用時期とが毎回ずれているため、ポスターでは大きく表記しているが、わかりにくいし間違えやすいので制作側もとても気を使うところだ。

そこでこの年は駅に大きなカレンダーを貼ったらわかりやすいし面白いのではと考えた。

駅員さんが書かれたかのように、マーカーのラインも入れてみた。

ロケ地はＳＬの運行で知られる山口線の篠目駅。ＳＬ時代の給水塔が今も残る渋い駅だった。カメラは近くの山からだが、鎖をたよりに急斜面を登った途中にある。一度登ったらトイレにも行けず、平らなところがほとんどないので下半身、特に足首のいい鍛錬になる。

ＳＬの撮影は煙がむずかしそうだ。

JR GROUP
大人には、
いい休暇をとる、
という宿題があります。

7

mon	tue	wed	thu	fri	sat	sun
		1 発売開始 →	2	3	4	5
6	7	8	9	10	11	12
13	14	15	16	17	18	19
20 利用開始	21	22	23	24	25	26
27	28	29	30	31		

8

mon	tue	wed	thu	fri	sat	sun
					1	2
3	4	5	6	7	8	9
10	11	12	13	14	15	16
17	18	19	20	21	22	23
24/31 ← 発売終了	25	26	27	28	29	30

9

mon	tue	wed	thu	fri	sat	sun
	1	2	3	4	5	6
7	8	9	10 利用終了	11	12	13
14	15	16	17	18	19	20
21	22	23	24	25	26	27
28	29	30				

◎年齢制限はありません。◎全国のJR線(普通・快速の普通車自由席)とJR宮島航路に乗り放題のきっぷです。[※1] ◎1枚で5回(人)分使えるきっぷが11,500円。[※2] 1回あたりの有効期間は1日です。
◎発売期間:平成21年7月1日から平成21年8月31日 ◎利用期間:平成21年7月20日から平成21年9月10日
お求めはJRの主な駅、駅の旅行センター、主な旅行会社までどうぞ。

何歳になっても、いい夏休みを。

青春18きっぷ

scd 大島征夫 Yukio Oshima
cd + ad 込山富秀 Tomihide Komiyama
d 酒井海弓美 Ayumi Sakai
c 籠島康治 Koji Kagoshima
p マシマ・レイルウェイ・ピクチャーズ Mashima Railway Pictures

二〇〇九年　冬

土讃線

阿波川口〜小歩危駅

近くの大歩危駅はひらがなだとユーモラスだ。

土讃線は四国を縦断する動脈線で、徳島に入ると阿波池田の手前で吉野川に沿って走る。

大河の様相の吉野川はすぐに深い渓谷となり景色は飽きることがない。途中坪尻という秘境駅でスイッチバックにも遭遇できる魅力的な路線である。この年に初めての民主党政権が成立、日本の社会の仕組みが大きく変わろうとしていた。撮影現場から渓谷を走る列車を眺めていると、高速道路の無料化なんかされた日には、普通列車はますます採算が合わず、この景色も早晩変わってしまうのか、なんてことを考えながら旧くからの景色を見ていた。こんな時代にこそ、ゆっくり旅をして日本をよく見たほうが良さそうだった。

JR
JR-GROUP
変わる日本の、変わらない景色。
ゆっくりとしか行けない旅をする。
土讃線 阿波川口～小歩危
※天候により景観は変化します

12

mon	tue	wed	thu	fri	sat	sun
	1 発売開始 →	2	3	4	5	6
7	8	9	10 利用開始	11	12	13
14	15	16	17	18	19	20
21	22	23	24	25	26	27
28	29	30	31			

2010
1

mon	tue	wed	thu	fri	sat	sun
				1	2	3
4	5	6	7	8	9	10 ← 発売終了
11	12	13	14	15	16	17
18	19	20 利用終了	21	22	23	24
25	26	27	28	29	30	31

◎ 年齢制限はありません。◎ 全国のJR線(普通・快速の普通車自由席)とJR西日本宮島フェリーに乗り放題のきっぷです。※1 ◎ 1枚で5回(人)分使えるきっぷが11,500円。※2 1回あたりの有効期間は1日です。

◎発売期間：平成21年12月1日から平成22年1月10日 ◎利用期間：平成21年12月10日から平成22年1月20日

お求めはJRの主な駅、JRの旅行センター、主な旅行会社までどうぞ。その他、ご利用に際しては各種条件がございます。

※1 その他の列車にご乗車の場合は料金のほかに運賃が必要です。(一部例外がございます。) ※2 グループ利用の場合は同一行程とし、本券をお持ちでない方は、集合駅まで(または解散駅から)別に乗車券が必要となります。

詳しくは、チラシ、時刻表、またはJR各社のホームページをご覧いただくか、駅係員におたずねください。

何歳になっても、いい冬休みを。

青春18きっぷ

scd 大島征夫 Yukio Oshima
cd + ad 込山富秀 Tomihide Komiyama
d 酒井海弓美 Ayumi Sakai
c 籠島康治 Koji Kagoshima
p マシマ・レイルウェイ・ピクチャーズ Mashima Railway Pictures

二〇一〇年　春

大湊線

有戸〜吹越駅

下北半島の斧の柄に沿って走る大湊線。陸奥湾が大きく広がり右手には恐山、左手には八甲田山が見える。

どちらにするか現場では迷ったが、湾岸とレールが遠くで緩やかに湾曲して恐山につながって見えるほうにした。

列車は日中は一両のみだが、意外に速く豪快に駆け抜けていく。

実は大湊線の18きっぷ登場は3度目である。１９９３年春アラーキー「旅少女」編でも陸奥横浜駅で撮影している。

春にはあたりが菜の花の黄色で染まる駅である。今は東北新幹線が青森につながったため、他の在来線と離れてしまったことが少し寂しい。

撮影位置から反対側にカメラを振ると八甲田連峰が見えた。

JR
JR GROUP
一駅、一駅、春になっていきます。
大湊線　有戸～吹越駅間
天候により景観は変化します

2

月	火	水	木	金	土	日
1	2	3	4	5	6	7
8	9	10	11	12	13	14
15	16	17	18	19	20 発売開始 →	21
22	23	24	25	26	27	28

3

月	火	水	木	金	土	日
1 利用開始	2	3	4	5	6	7
8	9	10	11	12	13	14
15	16	17	18	19	20	21
22	23	24	25	26	27	28
29	30	31 ← 発売終了				

4

月	火	水	木	金	土	日
			1	2	3	4
5	6	7	8	9	10 利用終了	11
12	13	14	15	16	17	18
19	20	21	22	23	24	25
26	27	28	29	30		

何歳になっても、いい春休みを。

青春18きっぷ

◎ 年齢制限はありません。◎ 全国のJR線（普通・快速の普通車自由席）とJR西日本宮島フェリーに乗り放題のきっぷです。※1 ◎ 1枚で5回（人）分使えるきっぷが11,500円。※2 1回あたりの有効期間は1日です。

◎発売期間：平成22年2月20日から平成22年3月31日 ◎利用期間：平成22年3月1日から平成22年4月10日

お求めはJRの主な駅、JRの旅行センター、主な旅行会社までどうぞ。その他、ご利用に際しては各種条件がございます。

※1 その他の列車にご乗車の場合は料金のほかに運賃が必要です。（一部例外がございます。） ※2 グループ利用の場合は同一行程とし、本券をお持ちでない方は、集合駅まで（または解散駅から）別に乗車券が必要となります。

詳しくは、チラシ、時刻表、またはJR各社のホームページをご覧いただくか、駅係員におたずねください。

scd　大島征夫　Yukio Oshima
cd + ad　込山富秀　Tomihide Komiyama
d　酒井海弓美　Ayumi Sakai
c　籠島康治　Koji Kagoshima
p　マシマ・レイルウェイ・ピクチャーズ　Mashima Railway Pictures

二〇一〇年　夏

指宿枕崎線

大山〜西大山駅

当時は最南端の駅（今はJR最南端の駅）、西大山駅。

幾何形体を思わせる優美な開聞岳。そのシルエットに2本のレールの直線を組み合わせてみた。

レールをなるべく美しく見せるため、太陽が開聞岳の向こうに沈み逆光になる夕方になるまでじっと待つ。

カメラ位置から西大山駅は1・5㎞ほど先。信号機の赤ランプで列車の存在はわかる。信号が切り替わり列車がこちらに向かって加速してくる。2本のレールが鋭く光って延びて来た。前照灯がハイビーム(上向き)に変わったためだ。

開聞岳は地図で見ると山そのものが海に突き出ているというめずらしい地形を作っている。

有名な砂蒸し風呂だけでなく、あたりには素朴な公衆温泉が点在しており、南国ムードも満点だ。

初めてロケに同行したコピーライター石田さんも風呂上がりには会社では見せないほぐれた顔をしていた。

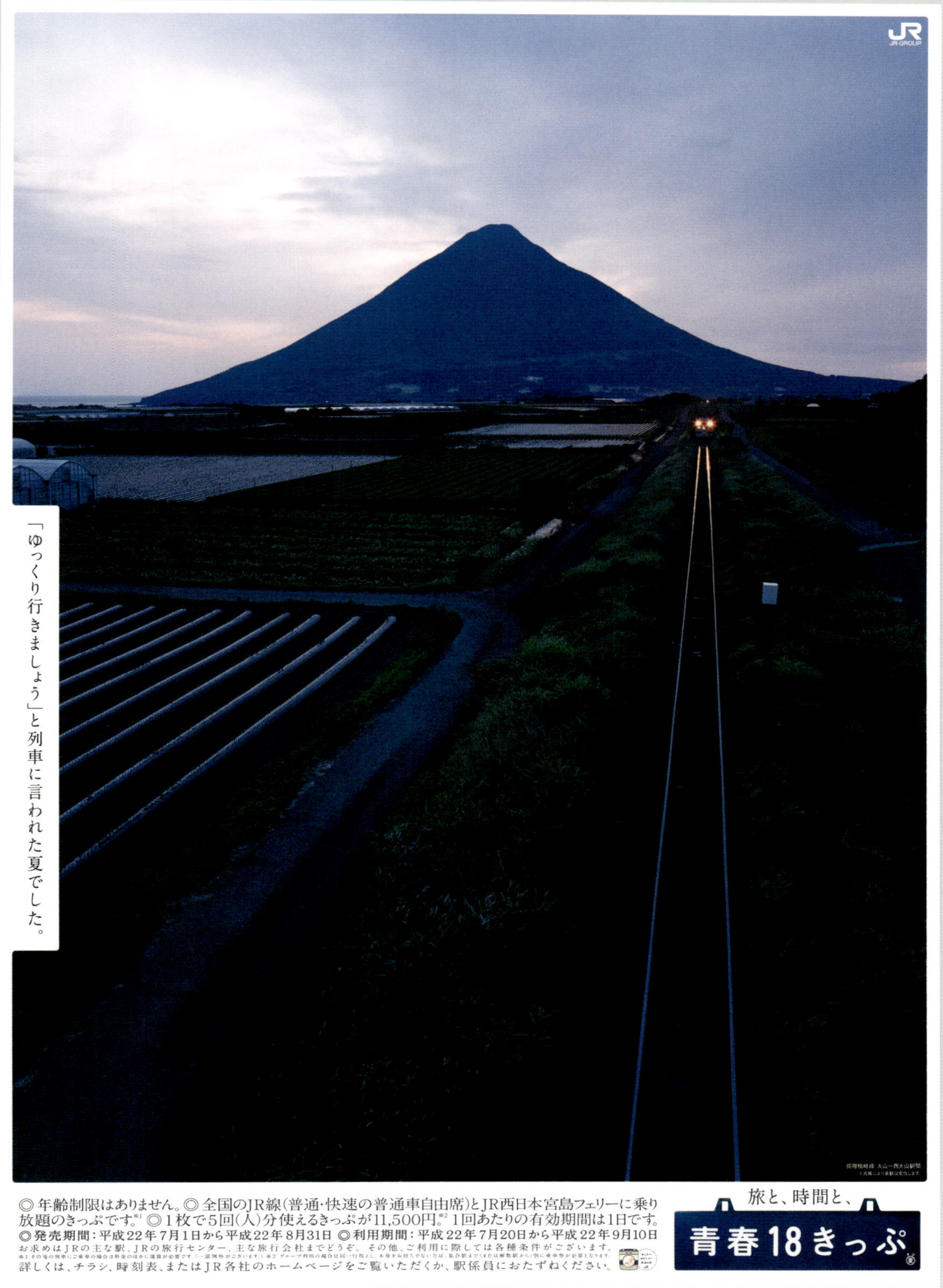
JR
JR GROUP
「ゆっくり行きましょう」と列車に言われた夏でした。
指宿枕崎線 大山〜西大山駅間
※天候により景観は変化します。
◎ 年齢制限はありません。◎ 全国のJR線(普通・快速の普通車自由席)とJR西日本宮島フェリーに乗り放題のきっぷです。※1 ◎ 1枚で5回(人)分使えるきっぷが11,500円。※2 1回あたりの有効期間は1日です。
◎発売期間:平成22年7月1日から平成22年8月31日 ◎利用期間:平成22年7月20日から平成22年9月10日
お求めはJRの主な駅、JRの旅行センター、主な旅行会社までどうぞ。その他、ご利用に際しては各種条件がございます。
詳しくは、チラシ、時刻表、またはJR各社のホームページをご覧いただくか、駅係員におたずねください。
旅と、時間と、
青春18きっぷ

scd 大島征夫 Yukio Oshima
cd + ad 込山富秀 Tomihide Komiyama
d 酒井海弓美 Ayumi Sakai
c 石田文子 Fumiko Ishida
p マシマ・レイルウェイ・ピクチャーズ Mashima Railway Pictures

二〇一〇年　冬

高山本線

飛驒金山〜焼石駅

撮影地近くで撮った一枚。高山本線は鉄橋好きにはたまらない。

翡翠色のようなダムの水鏡があまりに美しく見惚れました。撮影する予定の場所ではなかったけれど、試しにきられたポラを見て「あぁ絶対こっちがいい」と思ったことを覚えています。

（コピーライター石田文子）

*

*

湖のように見えて実は飛驒川である。下流を塞き止めてダムとしているからだ。列車に乗るとこのあたりだけ水面がかなり近く、遊覧船に乗っているような楽しい錯覚を覚えた。

対岸の車道から見ると山と空の映る水鏡が美しく、当初のロケの狙いは鉄橋だったが急遽こちらも撮影し、採用された。

撮影は山﨑友也さん、真島事務所の一期生である。夜間鉄道をテーマに鉄道写真を撮られている。

車窓に映った自分を見た。いつもより、いい顔だった。
高山本線 飛騨金山〜焼石駅間
※天候により景観は変化します。
◎年齢制限はありません。◎全国のJR線(普通·快速の普通車自由席)とJR西日本宮島フェリーに乗り放題のきっぷです。※1 ◎1枚で5回(人)分使えるきっぷが11,500円。※2 1回あたりの有効期間は1日です。
◎発売期間:平成22年12月1日から平成22年12月31日 ◎利用期間:平成22年12月10日から平成23年1月10日
※1 その他の列車にご乗車の場合は料金のほかに運賃が必要です。(一部例外がございます。) ※2 グループ利用の場合は同一行程とし、本きっぷをお持ちでない方は、集合駅まで(または解散駅から)別に乗車券が必要となります。
お求めはJRの主な駅、JRの旅行センター、主な旅行会社までどうぞ。その他、ご利用に際しては各種条件がございます。
詳しくは、チラシ、時刻表、またはJR各社のホームページをご覧いただくか、駅係員におたずねください。
旅と、時間と、
青春18きっぷ

scd 大島征夫 Yukio Oshima
cd + ad 込山富秀 Tomihide Komiyama
d 酒井海弓美 Ayumi Sakai
c 石田文子 Fumiko Ishida
p 山﨑友也 Yuya Yamasaki

二〇一一年 春

函館本線

大沼公園～赤井川駅

わずか列車一両分の長さの鉄橋。この下を遊覧船が行き来する。

一日何カットも撮れるロケもあれば、この時のように一日ワンチャンスしかないこともある。

列車は沼で唯一の小さな鉄橋を渡っている。広い画角に対してこの小さな列車を目立たせるには、太陽が沈む頃にならないと列車は光ってくれない。ダイヤを見ると16時51分頃の函館行きしかなかった。

カメラのある日暮山からの大沼公園の眺めは、広大な湿地帯に森が点在しているような日本離れした景色だった。

カメラを少し左に向けると駒ヶ岳の雄大な裾野が入ってくる。ぼんやりとしているが遠目に太平洋の水平線が写っている。

猪井さんの左手はグローブのようにパンパンに腫れていた。初日の夕方大きなブヨが大発生し刺されたという。

腫れはロケ中引かなかったが、それでも毎晩飲んでいた（飲んでいたから引かなかった）。

視界に入りきらない春が、目の前に広がっていました。
函館本線　大沼公園〜赤井川駅間
◎ 年齢制限はありません。◎ 全国のJR線(普通・快速の普通車自由席)とJR西日本宮島フェリーに乗り放題のきっぷです。※1 ◎ 1枚で5回(人)分使えるきっぷが11,500円。※2 1回あたりの有効期間は1日です。
◎ 発売期間：平成23年2月20日から平成23年3月31日 ◎ 利用期間：平成23年3月1日から平成23年4月10日
お求めはJRの主な駅、JRの旅行センター、主な旅行会社までどうぞ。その他、ご利用に際しては各種条件がございます。
詳しくは、チラシ、時刻表、またはJR各社のホームページをご覧いただくか、駅係員におたずねください。
旅と、時間と、
青春18きっぷ

scd　大島征夫　Yukio Oshima
cd + ad　込山富秀　Tomihide Komiyama
d　酒井海弓美　Ayumi Sakai
c　石田文子　Fumiko Ishida

p　マシマ・レイルウェイ・ピクチャーズ　Mashima Railway Pictures

二〇一一年　夏

予土線

土佐大正〜土佐昭和駅

土砂降りの中をロケハンした。雨上がりの四万十川。

震災に触れることが青春18きっぷのポスターの役割ではないだろう、という思いと、無関係にただ旅のコピーを書いていいのだろうか、という思いと。悩んだ末、自分がいま旅に出るとしたらどんな旅をするか、ということを素直に言葉にしました。

（コピーライター石田文子）

＊　＊

東日本大震災のこの年、青春18きっぷの発売も直前まで見送られる可能性があった。夏は予土線で撮影することになり、長根さんとロケハンをした。ここを走るキハ32形の車両はドアが素通しになっていてとても開放的でかわいらしい。いつもより車両が大きく入り、四万十川につきものの沈下橋もうまく入る場所がここだった。

全国の主要電源が止まっており、夏の電力不足が国民の関心事だったこともあり、川畔の枝葉を入れ夏の涼しさを演出した。沈下橋を地元の女子中学生が自転車で渡っています。

家の冷房を消して、
涼しい日本へ旅にでた。
今こそ、列車の旅をする。
青春18きっぷ
◎年齢制限はありません。◎全国のJR線(普通・快速の普通車自由席)とJR西日本宮島フェリーに乗り放題のきっぷです。◎1枚で5回(人)分使えるきっぷが11,500円。1回あたりの有効期間は1日です。
◎発売期間・平成23年7月1日から平成23年8月31日
◎利用期間・平成23年7月20日から平成23年9月10日
東日本大震災等の影響により、不通または運休となっている区間があります。詳細は、JR各社のホームページでご確認ください。

トレたび

scd 大島征夫 Yukio Oshima
cd + ad 込山富秀 Tomihide Komiyama
d 酒井海弓美 Ayumi Sakai
c 石田文子 Fumiko Ishida
p マシマ・レイルウェイ・ピクチャーズ Mashima Railway Pictures

二〇一一年　冬

五能線

藤崎〜川部駅

りんご農家の畑に入ったその奥で、猪井さんがカメラをかまえていました。「よくこんな場所見つけましたね」と言うと、「良さそうだったから（農家に）お願いして、入れてもらったの」とニコニコ笑っていた。夜にみんなで飲んだ田酒《でんしゅ》がとても美味しかった。

（コピーライター石田文子）

*　*

初めて弘前から五能線に乗った時は、赤く丸いリンゴのかわいらしさとリンゴ畑がどこまでも続く景色に感動したものだ。

そしてその畑のバックには優美な岩木山がそびえていた。鰺ケ沢から先の海沿いの景色もいいが、津軽の内陸を走る五能線もいい景色だ。

冬編なので、景色の中に赤い水玉模様をひとつも描けなかったのがとても心残りだった。

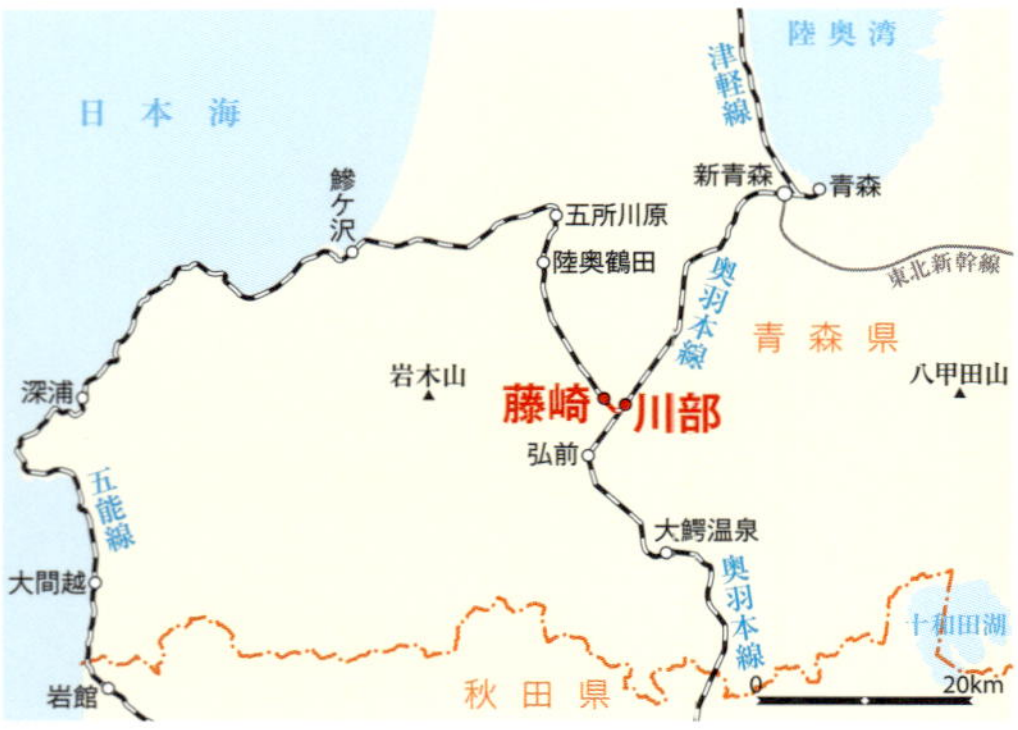

陸奥鶴田駅のほど近く、しゃれた珈琲店があった。知る人ぞ知る英国スピーカーと真空管アンプが奏でる音が店内にやさしく響く、「珈琲いしむら」。

立ち止まったり、振り返ったり。
だから出会えた景色があります。
今こそ、列車の旅をする。
青春18きっぷ
◎年齢制限はありません。◎全国のJR線（普通・快速の普通車自由席）とJR西日本宮島フェリーに乗り放題のきっぷです。◎1枚で5回（人）分使えるきっぷが11,500円。1回あたりの有効期間は1日です。
◎発売期間：平成23年12月1日から平成23年12月31日
◎利用期間：平成23年12月10日から平成24年1月10日
詳しくは、チラシ、時刻表、またはJR各社のホームページをご覧いただくか、駅係員におたずねください
トレたびホームページ
トレたび
東日本大震災や台風等の影響により、不通または運休となっている区間があります。詳細は、JR各社のホームページでご確認ください

scd　大島征夫　Yukio Oshima
cd ＋ ad　込山富秀　Tomihide Komiyama
d　酒井海弓美　Ayumi Sakai
c　石田文子　Fumiko Ishida
p　マシマ・レイルウェイ・ピクチャーズ　Mashima Railway Pictures

二〇一二年 春

呉線

風早〜安浦駅

ロケは12月、前泊した広島の街は雪が降り北国のようだった。

一人遅れて、広島から列車を乗り継ぎ呉線を東に進むと、車窓から見える景色は瀬戸内だからかまだ紅葉していた。

本当に春編が撮れるのか心配しながら現場に着くと、カメラのファインダーに入るここの山だけはほとんど竹で覆われており、青々とした緑が残っていた。

晴れていると思ったら時おり雪が舞うなど天気は荒れていた。

瀬戸内海は内海なので波はなく、荒れた空と雲の様子を鏡のように映してくれ、長い時間も少しも飽きることはなかった。

ロケの基地として風早駅を利用した。駅前に小さな間口の隠れ家のようなレストランを見つけた。海の上にあるようなロケーション、「凪の蔵」。

止まる駅、止まる駅で、
いろんな笑顔が咲いていた。
いい春です。
今こそ、列車の旅をする。
青春18きっぷ
◎年齢制限はありません。◎全国のJR線(普通・快速の普通車自由席)とJR西日本宮島フェリーに乗り放題のきっぷです。◎1枚で5回(人)分使えるきっぷが11,500円。1回あたりの有効期間は1日です。
◎発売期間:平成24年2月20日から平成24年3月31日
◎利用期間:平成24年3月1日から平成24年4月10日
詳しくは、時刻表、またはJR各社のホームページをご覧いただくか、駅係員におたずねください。
トレたび
東日本大震災や台風等の影響により、不通または運休となっている区間があります。詳細は、JR各社のホームページでご確認ください。

scd　大島征夫　Yukio Oshima
cd + ad　込山富秀　Tomihide Komiyama
d　酒井海弓美　Ayumi Sakai
c　石田文子　Fumiko Ishida

p　マシマ・レイルウェイ・ピクチャーズ　Mashima Railway Pictures

二〇一二年　夏

飯田線

中井侍駅

ロケ隊に合流する前。誰もいない駅で途中下車して、つぎの列車が来るまでのんびりと渓谷を眺めた。長い時間だったけれど不思議とケータイを見たりＳＮＳに触れる気にはならず、こんなコピーが生まれました。

（コピーライター石田文子）

＊　　＊

2回目の飯田線、とうとう天竜峡の最深部に入って来た。すぐ向こう隣は有名な秘境駅小和田である。

カメラは駅の裏手の急坂をグイグイ登った村道のはずれから見下ろすように撮っている。

列車はホームにさしかかる直前である。ホームに入ると木に隠れてしまう。

ロケが終わるとロケ車でなく久々に飯田まで列車に乗ってみた。

渓谷のまぶしいほどの緑や透明な水色に目も心も洗われた楽しい旅だった。

村道の急勾配がわかるだろうか。

「きれいだなぁ」誰も聞いていない
つぶやきも、いいものです。
知らない日本へ、列車に乗って
青春18きっぷ
◎年齢制限はありません。◎全国のＪＲ線（普通快速の普通車自由席）とＪＲ西日本宮島フェリーに乗り放題のきっぷです。◎1枚で5回（人）分使えるきっぷが11,500円。1回あたりの有効期間は1日です。
◎発売期間：平成24年7月1日から平成24年8月31日
◎利用期間：平成24年7月20日から平成24年9月10日
詳しくは、時刻表、またはＪＲ各社のホームページをご覧いただくか、駅係員におたずねください。

東日本大震災等の影響により、不通または運休となっている区間があります。詳細は、ＪＲ各社のホームページでご確認ください。

トレたび

scd　大島征夫　Yukio Oshima
cd + ad　込山富秀　Tomihide Komiyama
d　酒井海弓美　Ayumi Sakai
c　石田文子　Fumiko Ishida
p　マシマ・レイルウェイ・ピクチャーズ　Mashima Railway Pictures

根室本線

二〇一二年 冬

厚岸〜糸《いと》魚《い》沢《ざわ》駅

雪がまとまって降った翌朝、バージンスノーを疾走するキハ54形。猪井さんがロケハンで押さえた一枚を本番でも使わせてもらった。このロケは狩猟と同じで、いつ大物がかかるかわからない。タイミングが勝負である。彼はロケハン時でもここぞという時は必ず本番にも使える状態で撮影してくれる。時には機敏にゴーサインの前に出発している。

だいたいロケハンの時に限っておいしい出会いが訪れるものだ。この写真もシーズン最後のまとまった雪が降った直後の一枚だった。

本番ではもう新雪は降ってくれなかった。雪はあるがドロドロである。

おみやげに持って帰れないものがありました。
この景色です。
知らない日本へ、列車に乗って
青春18きっぷ
◎年齢制限はありません。◎全国のJR線(普通・快速の普通車自由席)及びBRT、並びにJR西日本宮島フェリーに乗り放題のきっぷです。※1◎1枚で5回(人)分使えるきっぷが11,500円。※2 1回あたりの有効期間は1日です。
◎発売期間:平成24年12月1日から平成24年12月31日
◎利用期間:平成24年12月10日から平成25年1月10日
詳しくは、時刻表、またはJR各社のホームページをご覧いただくか、駅係員におたずねください。
トレたびホームページ
トレたび 検索
東日本大震災等の影響により、不通または運休となっている区間があります。詳細は、JR各社のホームページでご確認ください。

scd 大島征夫 Yukio Oshima
cd + ad 込山富秀 Tomihide Komiyama
d 酒井海弓美 Ayumi Sakai
c 石田文子 Fumiko Ishida
p マシマ・レイルウェイ・ピクチャーズ Mashima Railway Pictures

二〇一三年　春

豊肥本線

内牧〜阿蘇駅

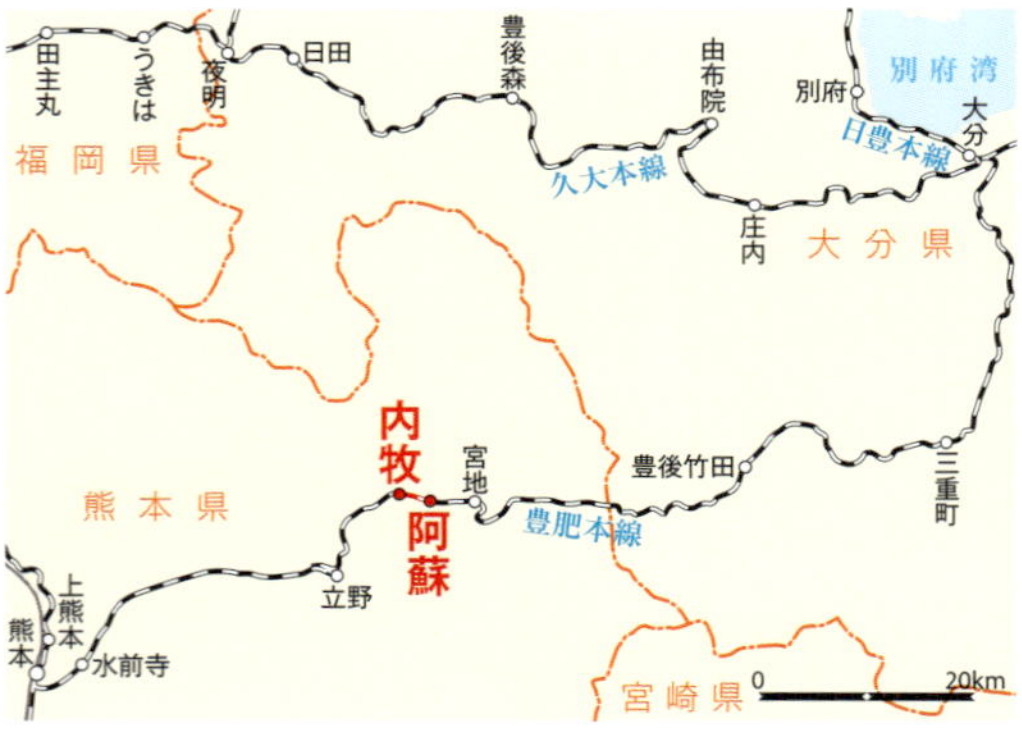

本番の太陽が昇ってすぐの6時23分、景色がやさしい水蒸気で霞んでいた。

早朝、だんだん明るくなっていく阿蘇連山を眺めながら列車を待った。空気が本当に澄んでいて、呼吸をするたびに体の中がきれいになっていく気がした。赤い列車がかわいくて、童話の中の世界のようでした。

（コピーライター石田文子）

＊　　＊

東西に延びる阿蘇連山に並行するように豊肥本線は走る。青春18きっぷ登場は初めてである。

阿蘇連山は路線にして5駅分ほどと長く、縦位置のポスターにはなかなかうまく入らなかった（釈迦の涅槃像とも言われている、左が頭）。

この車両の鮮やかな赤は九州独特の色で、小さくてもキリリと目立ってくれて助かった。

この赤をより鮮やかに出すため、早朝やや赤色がかった朝日を利用する。

列車は熊本方面に向かう始発か2番目だったと思う。

空気は、読むものじゃなく
吸い込むものだった、と思い出しました。
知らない日本へ、列車に乗って
青春18きっぷ
◎年齢制限はありません。◎全国のJR線（普通・快速の
普通車自由席及びBRT）、並びにJR西日本宮島フェリー
に乗り放題のきっぷです。◎1枚で5回（人）分使える
きっぷが11,500円。1回あたりの有効期間は1日です。
◎発売期間：平成25年2月20日から平成25年3月31日
◎利用期間：平成25年3月1日から平成25年4月10日
詳しくは、時刻表、またはJR各社のホームページをご覧いただくか、
駅係員におたずねください。
トレたびホームページ
トレたび 検索
東日本大震災等の影響により、不通または運休となっている区間
があります。詳細は、JR各社のホームページでご確認ください。

scd　大島征夫　Yukio Oshima
cd + ad　込山富秀　Tomihide Komiyama
d　酒井海弓美　Ayumi Sakai
c　石田文子　Fumiko Ishida
p　マシマ・レイルウェイ・ピクチャーズ　Mashima Railway Pictures

二〇一三年　夏

久留里線

平山駅

平山駅入り口には名物があった。焼きソバである。これで並盛り。

同じ青春18きっぷでも、使う人によって状況は様々である。

一人旅、二人でする旅、複数での旅。それぞれを描いてみることになった。

久留里線平山駅。１９９４年の外房線以来、東京から最短距離でのロケになる。東京駅から所要時間を検索すると、約2時間20分ほどであった。快速と各駅停車でも、乗り換えはたった2回。

久留里線沿線には大都会東京のすぐ近くとは思えない、のんびりした空気が漂っていた。

平山駅は単線の無人駅。枕木を利用して手前にホームが延長されているなど素朴さはあるが、駅舎の屋根や運行される列車を見ると大都会近郊ということがわかってしまう。

レールの軌道はホームのすぐ先で急に下り坂となるところがユニークだ。

まだ配車されて間もないＥ１３０系のステンレスの光沢は、青春18きっぷにはあまり似つかわしくないので、下り坂で半分隠れてもらった。

JR GROUP
はじめての一人旅を、
人は一生、忘れない。
それぞれの青春をのせて
青春18きっぷ
◎年齢制限はありません。◎全国のＪＲ線（普通・快速の普通車自由席及びＢＲＴ）、並びにＪＲ西日本宮島フェリーに乗り放題のきっぷです。◎１枚で5回（人）分使えるきっぷが11,500円。1回あたりの有効期間は1日です。
◎発売期間：平成25年7月1日から平成25年8月31日
◎利用期間：平成25年7月20日から平成25年9月10日
詳しくは時刻表またはＪＲ各社のホームページをご覧いただくか、駅係員におたずねください。
トレたび
東日本大震災等の影響により、不通または運休となっている区間があります。詳細は、ＪＲ各社のホームページでご確認ください。

scd　大島征夫　Yukio Oshima
cd + ad　込山富秀　Tomihide Komiyama
d　酒井海弓美　Ayumi Sakai
c　石田文子　Fumiko Ishida
p　マシマ・レイルウェイ・ピクチャーズ　Mashima Railway Pictures

二〇一三年　冬

城端線

城《じょう》端《はな》駅

二人の立つホーム側からカメラ側を見る。雪国の小店のような軒下である。

二人の旅は北陸の終着駅で撮ることになった。

城端駅は瓦の寄せ棟でペンキが塗られた板張りなど昔ながらのいい駅だ。屋根からホームをスッポリ覆うように軒を延ばしてあるところに雪国らしい風情があった。

雪が舞う終着駅の絵を撮りたかった。

ロケハンは大雪すぎて駅舎が見えず、本番は降雪がなかったが、降ったばかりの雪の表面のやわらかな表情は魅力的だった。早朝から日没まで撮影したが、すっかり暗く夜になっても撮影は終わらなかった。

カメラは列車のライトと駅の灯りのみで照らされた雪やツララの表情を狙っていたのだ。青春18きっぷ初めての夜間撮影が採用された。

列車が入線しているのに、ホームにモデルの二人以外乗客がいないのはなぜか？　ホームは寒く、入線した列車は終着駅のため、折り返しの発車までは時間があることをみな知っているので、駅舎の中で待っているから。

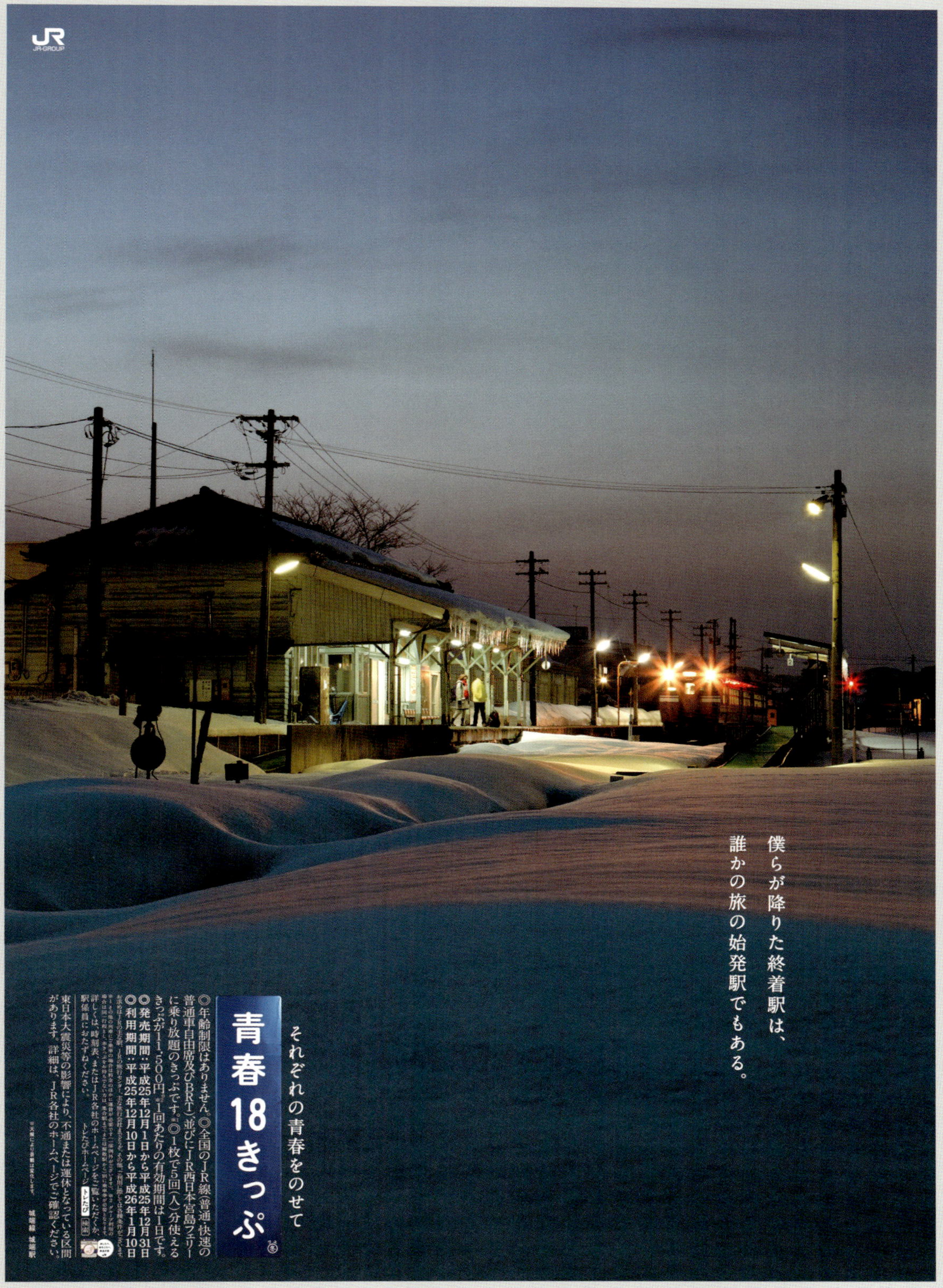
JR
JR GROUP
僕らが降りた終着駅は、
誰かの旅の始発駅でもある。
それぞれの青春をのせて
青春18きっぷ
◎年齢制限はありません。◎全国のJR線(普通・快速の普通車自由席及びBRT)、並びにJR西日本宮島フェリーに乗り放題のきっぷです。◎1枚で5回(人)分使えるきっぷが11,500円。1回あたりの有効期間は1日です。
◎発売期間:平成25年12月1日から平成25年12月31日
◎利用期間:平成25年12月10日から平成26年1月10日
詳しくは、時刻表、またはJR各社のホームページをご覧いただくか、駅係員におたずねください。
トレたびホームページ
トレたび
東日本大震災等の影響により、不通または運休となっている区間があります。詳細は、JR各社のホームページでご確認ください。
※天候により景観は変化します。
城端線 城端駅

scd 大島征夫 Yukio Oshima
cd + ad 込山富秀 Tomihide Komiyama
d 酒井海弓美 Ayumi Sakai
c 石田文子 Fumiko Ishida
p マシマ・レイルウェイ・ピクチャーズ Mashima Railway Pictures

二〇一四年 春

徳島線

小島駅

知り合いの大学の先生に5人のグループを集めてもらい、大学のある関西から列車で来てもらった。

4回生のなかよし5人組は突然の卒業旅行に楽しそうだった。

駅の桜の並木は現地情報では満開のはずだったが、小島駅の桜だけなぜか開花が遅れていた。

あたりに比べ、この駅のまわりだけ風通しが良く気温が低かったようだ。

何日か粘った最終日の午前中、前日の雨が上がり気温がグングン上昇すると桜吹雪がヒラヒラ舞って来た一瞬。

よくぞ反応してくれた。

昼食をとったユニークな喫茶店の前で記念写真。

「ずっと友達だよ」と
言うかわりに、
みんなで旅にでた。
それぞれの青春をのせて
青春18きっぷ
◎年齢制限はありません。◎全国のJR線（普通・快速の普通車自由席及びBRT）、並びにJR西日本宮島フェリーに乗り降り自由のきっぷです。◎1枚で5回（人）分使えるきっぷが11,500円。1回あたりの有効期間は1日です。
◎発売期間：平成26年2月20日から平成26年3月31日
◎利用期間：平成26年3月1日から平成26年4月10日
詳しくは、時刻表、またはJR各社のホームページをご覧いただくか、駅係員におたずねください。
トレたび
東日本大震災等の影響により、不通または運休となっている区間があります。詳細は、JR各社のホームページでご確認ください。
徳島線　小島駅

scd　大島征夫　Yukio Oshima
cd + ad　込山富秀　Tomihide Komiyama
d　酒井海弓美　Ayumi Sakai
c　石田文子　Fumiko Ishida
p　マシマ・レイルウェイ・ピクチャーズ　Mashima Railway Pictures

二〇一四年　夏

播但線

青倉～竹田駅

竹田城は雲海に浮かぶ天空の城として、ここ数年の人気はとても高く、青春18きっぷでの登場となった。

調べてみると、雲海が湧く季節は晩秋から春までだという。5月6月では可能性はほとんどない。

雲海がなかったら、ただの小山にしか見えないだろう。ロケはとても気が重かった。

現地へ赴くとやはり山霧は出るそぶりもなく、しかたなくいろんな角度からロケハンをしながら撮影を続けた。

ところが、ロケ中一日だけ霧に包まれた朝が来た。列車は和田山発5時21分の始発である。

ロケの日中は、だいたいこういう景色だった。列車は竹田城がラッピングされている。

JR
5時30分
天空の城が、
旅立つ私を見送ってくれた。
その一瞬が一生の思い出になる。
青春18きっぷ
◎年齢制限はありません。◎全国のJR線(普通・快速の普通車自由席及びBRT)、並びにJR西日本宮島フェリーに乗り降り自由のきっぷです。◎1枚で5回(人)分使えるきっぷが11,850円。1回あたりの有効期間は1日です。
◎発売期間:平成26年7月1日から平成26年8月31日
◎利用期間:平成26年7月20日から平成26年9月10日
詳しくは、時刻表、またはJR各社のホームページをご覧いただくか、駅係員におたずねください。
トレたびホームページ
トレたび 検索
東日本大震災等の影響により、不通または運休となっている区間があります。詳細は、JR各社のホームページでご確認ください。
※天候により景観は変化します 2014年5月撮影
播但線 竹田〜青倉駅間

scd 大島征夫 Yukio Oshima
cd + ad 込山富秀 Tomihide Komiyama
d 酒井海弓美 Ayumi Sakai
c 石田文子 Fumiko Ishida
p マシマ・レイルウェイ・ピクチャーズ Mashima Railway Pictures

二〇一四年　冬

大村線

千綿駅

駅舎の中はイスやテーブルが完備されており、待ち時間も快適である。

千綿駅は１９９７年の春、桜沢エリカさんのイラストで登場している。木造のいい駅舎を持つが、改札口からは石段が何段かあり、空しか見えない。改札を抜けて石段を上がると、大村湾がいきなり目の前に広がる舞台装置のような駅である。真冬には長崎方面からの列車が夕日を連れてやってくる。夕日そのものを直接アピールするのはありがちで芸がない。夕日はあえて少し隠し、コピーでは旅人が駅で体験するだろう感動を想像してもらえるようにした。

列車は、この駅は通過する快速シーサイドライナーである。

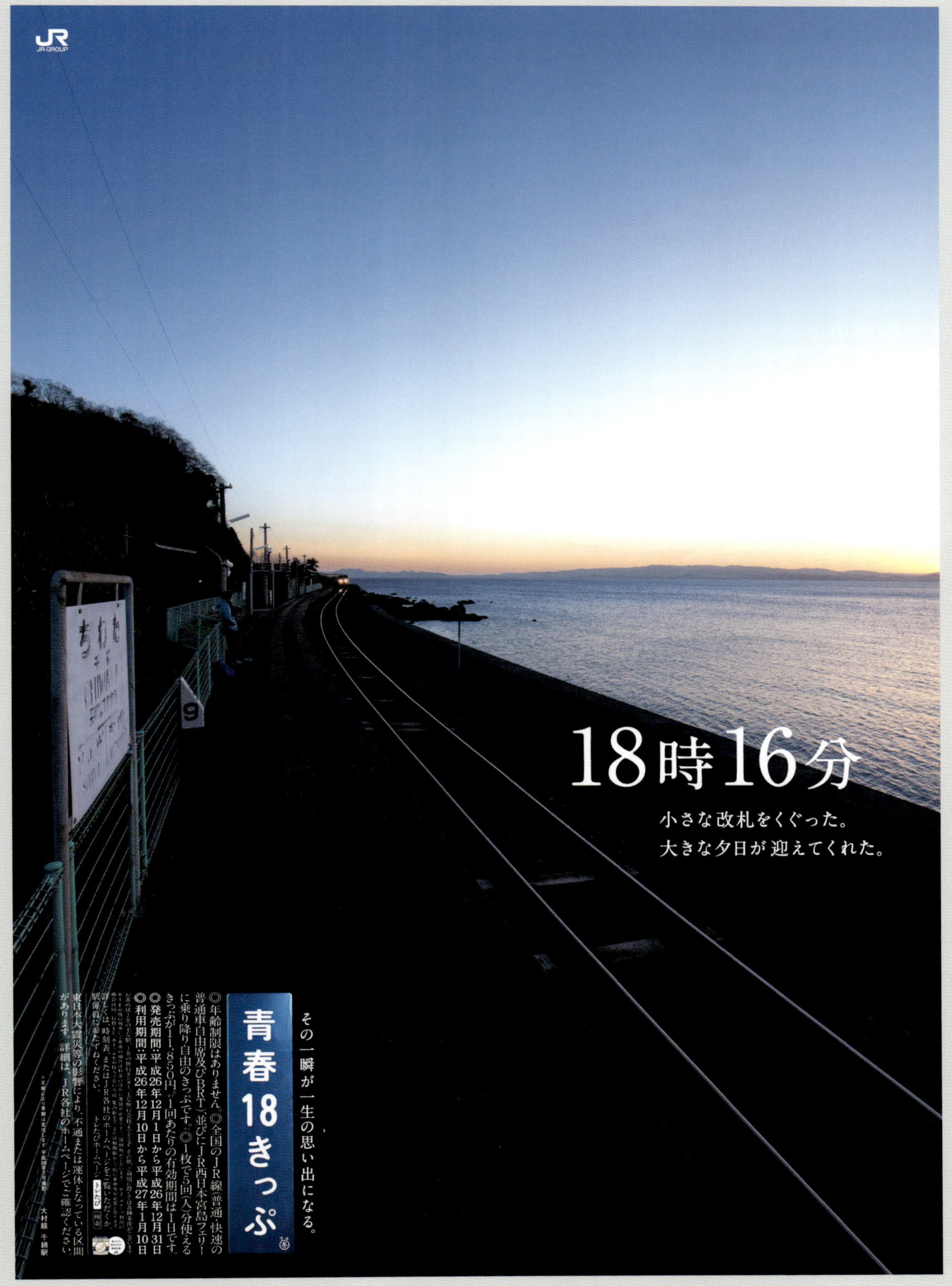
18時16分
小さな改札をくぐった。
大きな夕日が迎えてくれた。
その一瞬が一生の思い出になる。
青春18きっぷ
◎年齢制限はありません。◎全国のJR線(普通・快速の普通車自由席及びBRT)、並びにJR西日本宮島フェリーに乗り降り自由のきっぷです。◎1枚で5回(人)分使えるきっぷが11,850円。1回あたりの有効期間は1日です。
◎発売期間:平成26年12月1日から平成26年12月31日
◎利用期間:平成26年12月10日から平成27年1月10日
詳しくは、時刻表、またはJR各社のホームページをご覧いただくか、駅係員におたずねください。
トレたびホームページ
トレたび 検索
東日本大震災等の影響により、不通または運休となっている区間があります。詳細は、JR各社のホームページでご確認ください。
大村線 千綿駅

scd 大島征夫 Yukio Oshima
cd + ad 込山富秀 Tomihide Komiyama
d 酒井海弓美 Ayumi Sakai
c 石田文子 Fumiko Ishida
p マシマ・レイルウェイ・ピクチャーズ Mashima Railway Pictures

二〇一五年 春

高山本線

角川〜坂上駅

カメラマンの猪井さんが探して来られたこの場所は、まだ春の残雪に覆われていた。山にはトンネルが口を開けレールはそこから小さな踏切を通過し、鉄橋ごとアーチを描いて水量たっぷりの蛇行した川を渡る。鉄橋を渡った先には小さな集落があり神社の鎮守の杜も見える。湖畔にはよく見ると桜らしい枝振りの木が何本も見えた。理想の鉄道模型のジオラマを見ているようでワクワクし、ここの春の芽吹いた景色を見たいと思った。

この写真はロケハン時からわずか26日後、ロケ開始は少し早過ぎたかと思ったが、現地に着いてみると桜が弾けたように咲き始めた。ようやく遅い春が駆け足でやって来た瞬間だった。

キャッチコピーはリアルな列車の通過時刻である。不思議なことに、時刻という一瞬を表す数字を写真とともに眺めていると、旅の時間の流れが見えてくる。一瞬には永遠が宿るのかもしれない。

ロケハン時はまだ雪景色の2月。

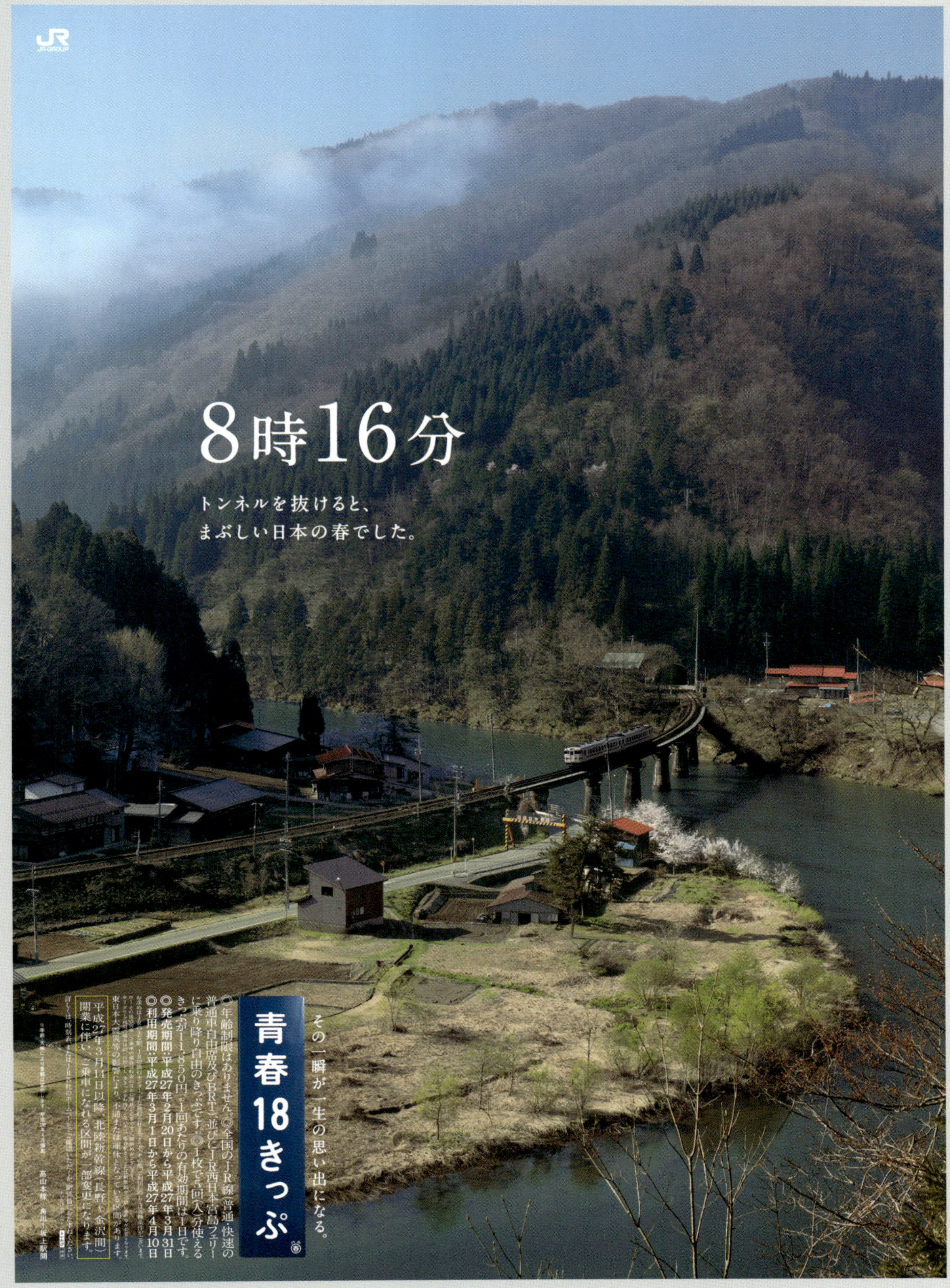
8時16分
トンネルを抜けると、
まぶしい日本の春でした。
その一瞬が一生の思い出になる。
青春18きっぷ
◎年齢制限はありません。◎全国のJR線(普通・快速の普通車自由席及びBRT)、並びにJR西日本宮島フェリーに乗り降り自由のきっぷです。◎1枚で5回(人)分使えるきっぷが11,850円。1回あたりの有効期間は1日です。
◎発売期間:平成27年2月20日から平成27年3月31日
◎利用期間:平成27年3月1日から平成27年4月10日
東日本大震災等の影響により、不通または運休となっている区間があります。

平成27年3月14日以降、北陸新幹線(長野〜金沢間)開業に伴い、ご乗車になれる区間が一部変更になります。

高山本線 角川〜坂上駅間

scd　大島征夫　Yukio Oshima
cd＋ad　込山富秀　Tomihide Komiyama
d　酒井海弓美　Ayumi Sakai
c　石田文子　Fumiko Ishida

p　マシマ・レイルウェイ・ピクチャーズ　Mashima Railway Pictures

てごたえのある軽さ。
エクストラ ライト
MILD SEVEN
240円
フリージヤ
チューリップ
ヒヤシンス
鉄砲百合
八重咲水仙
水仙黄ラッパ
球根つりがね草
アイリス
ムスカリー
今が植えどき
優良球根

ファンタ
200ml
ウーロン茶
200円
ジュース
200円
コーラ
200円
納豆
カツ

美　室
クラウン
美容室
SBS

あとがき

気が付いたら25年、ポスターの枚数は74枚になっていた。

青春18きっぷの旅は、ひと駅ひと駅進みながら、時には来た道を戻りつつも旅を続け、いつの間にか遠くの町まで辿り着く。この仕事も多くの時間を費やしいろんなエピソードを重ねようやく一枚ができあがり、また次の一枚に向けて進んで行く。その工程は青春18きっぷの旅にどこか似ている気がする。

早ければ半年、長くても2〜3年という寿命のサービスや商品が大勢のなかで、青春18きっぷという希有なロングラン商品に長く関われたこと、その足跡が本の形にまとまったことは幸運としかいいようがない。

ここまで続けて来られたのは、旅の本質を多くの人が共感できる言葉にしてくれたコピーライターの力が大きかった。そして、「はじめに」でふれた〝夢の鉄道の国〟の奥深い魅力のせいだろう。ロケハンや撮影でこれだけ多くの路線を訪れても、一度も飽きることはなく、いつも新しい魅力がその先にあった。この本がとらえた鉄道とは〝夢の鉄道の国〟のほんのわずかな一面にしか過ぎない。

今日も、多くの人々の営みや想いを乗せて走る列車達。このあたり前に見える景色こそ、この日本においてかけがえのないものなのだと、改めて思う。

悲しいこともあった。1996年冬のイラストレーター安西水丸さん、1997年夏の写真家清野賀子さん、1998年からずっと旅を共にした写真家真島満秀さんの三人が旅立たれてしまったことだ。整理中に何枚も出て来た、一緒に撮った当時のスナップを見ると、未だに亡くなった事が信じられない。

まとめる作業にあたって、初めから6年間ほどロケのコーディネートをしてくれた金子真樹さんには、当時のほぼすべてのロケ資料をそのままの

形で提供していただいた。

1998年から真島満秀写真事務所のみなさんには、毎回仕事以上のロケハンや写真を撮ってもらった。1990年から岡村印刷工業（株）の谷口洋さんにはポスター、チラシの印刷と過去すべてのポスターの保存も含め、本当に何度も助けられてきた。かつてのスタッフの佐藤澄子さん、畑野憲一さん、山田のりこさん、今のスタッフ石田文子さんにも資料提供や解説を快く引き受けていただいた。

岩下幹さん、四竃俊さんをはじめとする歴代の営業のみなさんの助けがあったから、そもそも大島征夫さんがこの仕事の機会を与えてくださったからこの本ができた。そのことなしでは、たった一枚のポスターも作れなかった。

出版の後押しを強力にしてくれた講談社の原田隆さん、遅筆な僕をうまく操縦して実現にこぎ着けてくれた榎本明日香さんには特にお世話になった。

2015年5月　込山富秀

Special Thanks : JRグループ

北海道旅客鉄道株式会社
東日本旅客鉄道株式会社
東海旅客鉄道株式会社
西日本旅客鉄道株式会社
四国旅客鉄道株式会社
九州旅客鉄道株式会社

scd : senior creative director
cd : creative director
ad : art director
d : designer
c : copywriter
p : photographer
il : illustrator
st : stylist
hm : hair&make
co : coordinator

※路線図は2015年現在のもので作製。1995年夏編ポスターは他社とタイアップでポスターが制作されたという事情により、この本では収録していません。飲食店などはポスター撮影当時の情報です。
※今回再録させていただいたポスターの出演者の方で、連絡がとれなかった方は、編集部までご一報ください。

込山富秀（こみやまとみひで）

1955年山梨県生まれ。アートディレクター、クリエーティブディレクター。JRグループの「青春18きっぷ」ポスターは1990年から担当し、「フルムーン夫婦グリーンパス」ポスターは1999年から継続して制作を続けている。他に、JR東日本／ダイヤ改正「もっと^2」、「ジャンジャカジャーン。」（東北上越新幹線東京駅開業、成田エクスプレス開通、新幹線Max登場他）、秋田新幹線「こまち」開業、長野新幹線「あさま」開業、「東京トレイン」キャンペーン、IC定期券「Suica」のロゴ、カードデザイン、「Suica」導入キャンペーン、岩波書店／広辞苑第４版「これが日本語です。」「所謂」「頗る」、サントリー／ニューオールドOLD is NEW「恋は、遠い日の花火ではない。」、パルコ／「女の子で良かったね」など。主な受賞はADC賞、新聞広告電通賞、ポスター広告電通賞、環境広告大賞環境大臣賞、JRポスターグランプリ最優秀賞。趣味は真空管オーディオ、卓球。

連絡先：komiyama1922@gmail.com

「青春《せいしゅん》18きっぷ」ポスター紀行《きこう》

2015年5月26日　第1刷発行
2025年5月 9 日　第13刷発行

著者　込山富秀《こみやまとみひで》

カバー写真　マシマ・レイルウェイ・ピクチャーズ
アートディレクション　込山富秀
ブックデザイン　岩間良平（trimdesign）
マップ製作　ジェイ・マップ

発行者　篠木和久
発行所　株式会社講談社
郵便番号　〒112-8001
東京都文京区音羽2-12-21
電話　編集 03-5395-3522
販売 03-5395-5817
業務 03-5395-3615

KODANSHA

印刷所　株式会社DNP出版プロダクツ
製本所　株式会社若林製本工場

Printed in Japan
ISBN978-4-06-219279-8